Überbringung einer Todesnachricht

mit einem Vorwort
von Thomas Ley

ISSN 1614-2527
ISBN 3-935979-52-5

Schriftenreihe der Thüringer Fachhochschule für öffentliche Verwaltung, Fachbereich Polizei

Herausgegeben von Thomas Ley

Band 2

Daniela Horn:

Überbringung einer Todesnachricht

ISSN 1614-2527
ISBN 3-935979-52-5

Verlag für Polizeiwissenschaft
Clemens Lorei

Bibliografische Information Der Deutschen Bibliothek
Die Deutsche Bibliothek verzeichnet diese Publikation in der Deutschen Nationalbibliografie; detaillierte bibliografische Daten sind im Internet über http://dnb.ddb.de abrufbar.

Verlag für Polizeiwissenschaft, Clemens Lorei
Eschersheimer Landstraße 508 • 60433 Frankfurt
Telefon/Telefax 0 69/51 37 54 • verlag@polizeiwissenschaft.de
www.polizeiwissenschaft.de

Printed in Germany

Inhaltsverzeichnis

Vorwort von

Thomas Ley

Die polizeiliche Übermittlung von Todesnachrichten

Es ist wohl unzweifelhaft, dass das Sterben und der Tod eines nahen Angehörigen zu den dramatischsten Krisen im Leben eines Menschen gehören. Trotz der damit üblicherweise einhergehenden tiefen emotionalen, sozialen und seelischen Erschütterung gehören das Sterben und der Tod des Gatten, der Eltern oder der Geschwister unvermeidlich zu jedem Leben. In der Regel findet dieses Sterben in der Wohnung, einem Altenheim oder einem Krankenhaus, also an Orten der Sesshaftigkeit oder der Therapie statt, sodass sich hier keine polizeiliche oder anderweitige Benachrichtigungsnotwendigkeit von Angehörigen ergibt.

Diese ergibt sich erst, wenn die Angehörigen noch nicht vom Tod wissen können und keine anderen Institutionen naturwüchsig oder aufgrund einer professionalisierten Praxis zuständig sind. Dann übernimmt die staatliche Gemeinschaft die fürsorgliche Aufgabe der Todesbenachrichtigung für die Familien, wobei der Staat diese Aufgabe im Rahmen bürokratischer Zuständigkeitsverteilung der Polizei aufgetragen hat, obwohl dies rechtlich nicht eindeutig geregelt ist.[1]

Für die Übernahme dieser Aufgabe durch die Polizei spricht rein pragmatisch der Umstand, dass die Polizei eine dauerpräsente, lokale Einrichtung ist und bei Unfällen und Verbrechen mit Todesfällen sowieso ermitteln muss, also als Institution zuständig ist.

Nach meinen Eindrücken, die ich in vielen Gesprächen mit Polizeibeamten gewann, haben viele von ihnen, die sich beruflich mit dem Tod auseinandersetzen müssen, Probleme bei der Überbringung einer Todesnachricht, können darüber aber aus verschiedenen Gründen (u. a. Status- und Karrieregründe) dienstlich nicht sprechen.

Dies kann Folgen haben:

So kann zum einen ein Polizeibeamter, der nicht einfühlsam auf einen betroffenen Angehörigen eingeht, diesen psychisch traumatisieren und damit für diesen und sein Umfeld das Bild von der Polizei nachhaltig negativ prägen, umgekehrt aber ein Polizeibeamter, der solche Krisensituationen meistert, nicht nur dem Angehörigen helfen, sondern zugleich auch einen positiven Beitrag zur Verbesserung des polizeilichen

---

[1] Siehe diesbezüglich auch die Ausführungen der Autorin im zweiten Kapitel (S. 9 ff.) ihrer Arbeit.

Images leisten, zumal der Multiplikatoreffekt eines Angehörigen, der sich bei der Überbringung einer Todesnachricht von der Polizei angemessen behandelt fühlte und dies weiter erzählt, von nicht zu unterschätzender Bedeutung sein dürfte, weil Hilfe in schweren persönlichen Krisen stark eingeprägt und erinnert wird und Trauernde viele Gesprächskontakte zum selben Thema haben.
Zum anderen kann ein Polizeibeamter, der eine solche Aufgabe zwar bewältigt, aber keine Chance der nachträglichen Bearbeitung des traumatischen Ereignisses hat, innerlich ‚ausbrennen' und möglicherweise psychisch erkranken und somit eine Belastung für seine Kollegen und für den Dienst darstellen.
Der Polizist, der eine Todesnachricht überbringt, löst bei den Angehörigen objektiv eine Krise aus, die auch für ihn Unwägbarkeiten birgt. Denn niemand kann die Reaktion auf die Nachricht vom Tode eines Gatten oder eines Kindes voraussagen, nicht mal der Betreffende selbst.
Der Polizist muss mit dieser Unwägbarkeit umgehen. Dabei wird er in solchen Situationen unwillkürlich auch mit seinen Ängsten um den eigenen Tod oder den seiner Familienmitglieder konfrontiert. Die Krise dieser Familie ist in diesem Moment, in dem er sich bei ihr aufhält, auch seine Krise, von der er sich nicht überwältigen lassen darf, weil er sonst handlungsunfähig wird und damit seine polizeiliche Aufgabe, die Nachricht zu überbringen, nicht wahrnehmen kann.
Diese Aufgabe ist zeitlich begrenzt (und diese zeitliche Begrenzung verweist auch schon auf den Unterschied zur Trauerbegleitung), was heißt, dass der Polizeibeamte nur solange zuständig ist, bis sich eine Vertrauensperson des näheren Umfeldes um den Trauernden kümmert: Verwandte, Freunde oder wenn diese ausfallen, Nachbarn, der Hausarzt oder der Pfarrer.
Solange aber noch keine verwandtschaftlichen oder andere Trost spendenden Personen anwesend sind, die sich um den Trauernden kümmern, ist der Polizeibeamte, völlig unabhängig davon, ob er will oder nicht, als alleiniger Beziehungspartner Projektionsfläche für alle Gefühle des sich in einer schockartigen Traumatisierung befindenden Trauernden. Gefühle, die dann besonders stark ausgeprägt sein können, wenn diejenigen, denen die Nachricht überbracht wird, von peinigenden Bedenken befallen werden, ob sie nicht selbst durch eine Unvorsichtigkeit oder Nachlässigkeit den Tod der geliebten Person mitverschuldet haben. Bedenken, die Sigmund Freud in seinem Aufsatz <<Das Tabu und die Ambivalenz der Gefühlsregungen>> als <<Zwangsvorwürfe>> bezeichnete.[2]

---

[2] S. Freud (1956): Totem und Tabu. Einige Übereinstimmungen im Seelenleben der Wilden und der Neurotiker. Frankfurt a. M./ Hamburg, S. 70.

Fälle hingegen, in denen die unterrichteten Personen offene oder verdeckte Freude oder gar Genugtuung über den Tod eines Angehörigen zeigen - nach dem Motto: „Endlich tot! Endlich krepiert!“ -, kommen zwar auch im Alltag polizeilicher Arbeit vor. Es handelt sich hier aber um pathologische Fälle, die nur dann für die Polizeibeamten wirklich traumatisch sein können, wenn sie um die Pathologie solcher Handlungsweisen nicht wissen. Polizeilich relevant sind solche Fälle außerdem, weil sich aus der offen gezeigten Freude eventuell Ermittlungsansätze ableiten lassen.

Die Relevanz der Ausführungen von Frau Horn zur Überbringung einer Todesnachricht für eine Soziologie des Polizeiberufes liegt auf der Hand, denn dieser hat es im Kernbereich mit der Bewältigung von Krisen zu tun.

Die Arbeit von Frau Horn macht deutlich, dass die Schwierigkeit der polizeilichen Arbeit bei der Überbringung von Todesnachrichten[3] darin besteht, dass es für diese Tätigkeit keine allgemeingültig anwendbaren Patentrezepte gibt. Was die Überbringung zu einer zugleich ungeliebten und stark belastenden Arbeit macht.

---

[3] In den vergangenen Jahren sind mehrere Arbeiten zu diesem Thema erschienen. Siehe u.a. D. Kreysler (1988): Überbringung einer Todesnachricht. Überlegungen und Hinweise zu einer schwierigen Aufgabe. Stuttgart [u. a.]; E.-M. Wiegel (1988): Bedrückende Last. Eine Todesnachricht überbringen, in: Deutsche Polizei 2, S. 17-19; T. Merklein, (1991): Die Stunde danach. Überbringen einer Todesnachricht, in: Polizeispiegel 3, S. 64-68; W. Schäfer (1991): Zwischen Hilflosigkeit und Routine. Das Überbringen von Todesnachrichten, in: Forum Ethik und Berufsethik Sonderheft 1, S. 12-15; D. Schäfer / W. Knubben (1992): ...in meinen Armen sterben? Vom Umgang der Polizei mit Trauer und Tod. Hilden; A. Müller-Tucholski / T. Ley (1998): Die Übermittlung von Todesnachrichten durch Polizeibeamte. Betrachtungen über eine ungeliebte polizeiliche Aufgabe, in: Kriminalistik 52, 6, S. 412-414.

1. Einleitung

Die Überbringung einer Todesnachricht stellt für Polizeibeamte eine der schwierigsten und belastendsten Aufgaben in ihrem Beruf dar.[1] Dies ist insbesondere dann der Fall, wenn junge Kollegen diesen Auftrag erhalten, die in ihrem eigenen Leben noch keine Erfahrungen mit dem Tod gemacht haben, wie z. B. mit dem Tod eines nahen Angehörigen. Daher könnte man annehmen, dass ältere Kollegen für die Überbringung einer Todesnachricht prädestinierter seien. Dies ist jedoch nicht zwangsläufig der Fall, wie der Polizeialltag zeigt. Denn Lebensalter bedeutet nicht unbedingt auch, über Erfahrungen mit dem Überbringen einer Todesnachricht zu verfügen.
Schwierig ist diese Aufgabe vor allem, weil Polizeibeamte in der Regel unvermittelt und unvorbereitet einen solchen Auftrag erhalten und dessen Erledigung keinen Aufschub duldet. Dann müssen sie zwangsläufig über diese Aufgabe nachdenken und merken plötzlich, in welcher Situation sie sich jetzt befinden. Unausweichlich gehen ihnen Fragen, wie „Wie sage ich es bloß den Angehörigen?“, „Wie trete ich ihnen gegenüber?“, „Wie werden sie reagieren?“, „Was mache ich, wenn...?“, „Bin ich stark genug für diese Aufgabe?“ durch den Kopf, von denen sie möglicherweise keine ad hoc beantworten können. Zudem quält sie die Ungewissheit, nicht zu wissen, wie diejenigen, denen die Todesnachricht überbracht wird, reagieren. Dies erweckt Erwartungs- und Versagungsängste mit all ihren möglichen Begleiterscheinungen, wie ein flaues Gefühl im Magen, gesteigerte Nervosität und generelles Unwohlsein.[2] Natürlich ist das für die Beamten noch schwieriger, wenn sie einen solchen Auftrag noch nie erfüllen mussten und Neulinge auf diesem Gebiet sind. Oft stehen auch nicht sofort Seelsorger oder Vertreter der Krisenintervention als Unterstützung für diese Aufgabe zur Verfügung. Die Polizeibeamten sind auf sich allein gestellt und es steht ihnen lediglich ihre naturwüchsige Krisenkompetenz zur Verfügung.[3] Sie müssen in dieser Situation die richtigen Worte finden und können sich dabei nur auf ihr Einfühlungsvermögen und ihre Intuition verlassen. Auf ein allgemein gültiges Verhaltensschema können sie nicht zurückgreifen, da die Situation für sie prinzipiell unberechenbar ist. Entsprechend ist eine hohe Flexibilität Voraussetzung für die angemessene Erfüllung dieser schwierigen (weil nicht-standardisierbaren) Aufgabe.
Eine weitere Belastung für die Todesübermittler stellt auch der Gedanke an die eigene Sterblichkeit oder die naher Bezugspersonen dar. Dies ist u. a. dann der Fall, wenn Polizeibeamte selbst Familienväter oder -mütter sind und sie Eltern den Tod eines verunglückten Kindes mitteilen müssen. In dieser Situation stellt die Überbringung einer Todesnachricht nicht nur für

---

[1] Vgl. Müller-Tucholski / Ley (1998), S. 412.
[2] Vgl. Huber (1996), S. 35.
[3] Zu diesem Argument vgl. Müller-Tucholski / Ley (1998), S. 413.

die Empfänger eine hohe psychische Belastung dar, sondern auch für die Überbringer. Unabhängig von der grundsätzlichen Krisenhaftigkeit der Aufgabe zeigt zum einen der Polizeialltag und weist zum anderen die Literatur darauf hin[4], dass bei der Überbringung einer Todesnachricht vermeidbare Fehler unterlaufen. Diese sind nicht unwesentlich auf Unsicherheit und Angst zurück zu führen, da viele Polizisten, plötzlich vor diese Situation gestellt, nicht wissen, wie sie an diese Aufgabe herangehen sollen.
Gerade weil es im Polizeiberuf von entscheidender Bedeutung ist, sich im Vorhinein mit dieser Problematik auseinander zu setzen, um sich später – in der Praxis – nicht „ins kalte Wasser geworfen" zu fühlen, ist diese Arbeit ein Versuch aufzuzeigen, wie man sich als Polizeibeamter gegenüber Betroffenen bei der Überbringung einer Todesnachricht verhalten kann. Dazu wurden verschiedene Kollegen befragt, die dieser schwierigen Aufgabe bereits gegenüber gestanden haben, um in Erfahrung zu bringen, wie sie mit der an sie gestellten Anforderung umgegangen sind und umgehen und ob und wie sie diese Anforderung und das Handlungsproblem der Überbringung einer Todesnachricht innerlich verarbeitet haben. Eine wichtige Frage, denn zu einer professionellen Polizeiarbeit gehört ganz wesentlich der reflektierte Umgang mit Belastungssituationen.
Des Weiteren wurden auch „Empfänger" befragt, um zu erfahren, wie sie die Mitteilung der Nachricht durch die Polizei empfanden, ob sie das polizeiliche Handeln angemessen empfanden oder ob sie sich eine andere Handlungsweise gewünscht hätten. Dadurch sollten Anregungen für eine geeignete und angemessene Vorgehensweise bei der Überbringung einer Todesnachricht erarbeitet werden. Ein Punkt, der nicht nur für die Betroffenen von Bedeutung ist, sondern auch für das Image einer Organisation, die sich als Dienstleistungsorganisation versteht.

[4] Vgl. Schäfer / Knubben (1992), S. 166 ff.

2. Zuständigkeit für die Überbringung einer Todesnachricht

Bevor ich auf den Bereich der sachlichen Zuständigkeit für die Überbringung einer Todesnachricht eingehe, werde ich zunächst der Frage nachgehen, was eine Todesnachricht ist bzw. worin sie inhaltlich besteht.
Da dieser Begriff in keinem Lexikon definiert ist, soll er hier kurz mit eigenen Worten erläutert werden.
Die Todesnachricht ist die Nachricht vom Tod eines Menschen. Dieser Tod muss den Angehörigen des Verstorbenen mitgeteilt werden, wenn sie von dessen Ableben aus welchen Gründen auch immer noch keine Kenntnis haben. Diese zumeist unerwartete Todesbotschaft wird das Leben dieses Menschen häufig auf radikale Weise verändern.[5]
Wer ist sachlich für diese Aufgabe zuständig? Sachlich zuständig ist in Deutschland die Polizei dann, wenn sonst keiner aufgrund seiner Position (z.B. Ärzte oder Leiter von Alten- oder Pflegeheimen) zuständig ist. Die Polizei hat aber die Möglichkeit, für diese Aufgabe einen Polizei-, Orts- oder Stadtteilpfarrer, einen Notfallseelsorger oder Mitarbeiter der Krisenintervention[6] hinzuzuziehen.

2.1 Aufgaben der Polizei

Die Polizei muss die Angehörigen der bei einem Verkehrsunfall getöteten Person(en) benachrichtigen.[7]
Darüber hinaus kann man die Aufgabe für die Überbringung einer Todesnachricht indirekt auch aus § 163/I S. 1 StPO ableiten, da die Polizei in solchen Fällen sowieso Untersuchungs- bzw. Ermittlungsbehörde ist und daher schon als Institution zuständig ist[8]. Dies soll an folgendem Beispiel verdeutlicht werden.

Beispiel:
Eine Frau und ihr Kind werden von den Eltern der Frau als vermisst gemeldet, da sie nicht wie gewöhnlich am späten Nachmittag nach Hause gekommen sind. Nach zwei Tagen wird im Rahmen der polizeilichen Suchmaßnahmen in einem Waldstück in der Nähe des Wohnortes eine unbekleidete Frau tot aufgefunden. Am Tatort wurden am Hals der Toten Strangulationsmerkmale, Hämatome an Arm und Bein sowie Hautschürfungen

---

[5] Vgl. Kreysler (1988), S. 5.
[6] Vgl. Daschner (2001), S. 39 f.
[7] Vgl. Erlass des IM vom 03.01.1996 (StAnz. S. 179), zuletzt geändert durch Erlass vom 02.01.1998 (StAnz. S. 165).
[8] Vgl. § 163/I S. 1 StPO a. a. O. Stichwort: Straftaten erforschen und alle keinen Aufschub gestattenden Anordnungen treffen, um die Verdunkelung der Sache zu verhüten.
[15] Vgl. Voß (2001), S. 9 f.

festgestellt, was den Verdacht einer Straftat nahe legte. Die Ermittlungen ergaben, dass es sich hierbei um die als vermisst gemeldete Frau handelte. Von dem vermissten Kind fehlte jede Spur. Die Eltern der Toten mussten benachrichtigt werden.
Bei Todesermittlungen kann es auch aus ermittlungstaktischen Gründen sinnvoll sein, dass die Nachricht durch die Polizei überbracht wird. Mehrere von mir befragte Sachbearbeiter stellten fest, dass die Angehörigen häufig Spontanäußerungen von sich geben, die mitunter sehr dienlich für die Ermittlungen und somit zur Aufklärung des Sachverhaltes seien.
Hinterbliebene teilen z. B. in solchen Situationen Selbstmordabsichten des Verstorbenen mit. In obigem Beispiel habe sich die benachrichtigte Mutter der toten Frau sofort schwere Vorwürfe gemacht, ihre Tochter, welche sich am Tage ihres Verschwindens mit ihrem Ex-Freund treffen wollte, nicht begleitet zu haben. Diese Spontanäußerung stellte im späteren Verfahren gegen den Ex-Freund (Vater des vermissten Kindes) einen Beweis dar, denn dadurch konnte später bewiesen werden, dass sich dieser Ex-Freund am Tattag mit der Getöteten getroffen hat.
Offensichtlich stehen die durchzuführenden Ermittlungen dann in einem Spannungsverhältnis zum Opfer- bzw. Betroffenenschutz. Auf der einen Seite steht das einzuhaltende Gesetz und auf der anderen Seite der Betroffene, welcher angemessen behandelt werden soll. Das führt zu einer Interessenskollision, denn man kann nicht beiden gerecht werden. Hier muss der Polizeibeamte in seinem Ermessen den richtigen Zeitpunkt für die Vernehmung wählen.
Der Psychologe Hans-Georg Voß unterscheidet dabei zwei Ebenen, auf die sich der Handlungsspielraum erstrecken dürfte. Auf der ersten (unteren) Ebene steht die Einbindung des Opfers in die polizeiliche Ermittlungstätigkeit. Dabei handelt es sich um ein instrumentelles Verhältnis zwischen Polizei und Opfer. Die zweite (höhere) Ebene betrifft den „Freund und Helfer-Anteil" polizeilichen Handelns, welcher das Signalisieren von Verhaltensweisen wie Anteilnahme, Verständnis und Einfühlung umfasst. Man spricht hier von einem konsensuellen Verhältnis. Das konsensuelle Handeln ist dabei vorrangig zu betrachten, da es zum einen den verfassten Anspruch des Opfers auf Schutz und Fürsorge repräsentiert und zum anderen damit die Effektivität einer legitimen Verfolgung von Zielen der Gefahrenabwehr verbessert wird.[15]
Es stellt sich somit die Frage, ob nicht die gesetzlich festgelegten Regelungen geändert oder ergänzt werden müssten, um einen angemessenen Umgang mit den Hinterbliebenen im konkreten Fall gewährleisten zu können. Auf diese Frage gehe ich jedoch nicht weiter ein, da dies den Rahmen dieser Arbeit übersteigen würde. Aber bereits aus diesen Gesichtspunkten

wird die Notwendigkeit deutlich, dass die Todesnachricht durch die Polizei übermittelt wird. Die Professionalität polizeilichen Handelns gründet hier auf einer hohen kommunikativen und fachlichen Kompetenz des Überbringers.
Eine Zuständigkeit für die Polizei kann sich auch bei einem *plötzlichen Tod in der Öffentlichkeit* ergeben.
Auch in diesem Fall hat eine staatliche Institution die fürsorgliche Aufgabe der Todesbenachrichtigung für die Familien zu übernehmen. Aufgrund der Zuständigkeitsverteilung hat dies von der Polizei zu erfolgen.[16]
Die Zuständigkeit für die Polizei kann sich aber auch aus den *Bedürfnissen der Angehörigen* ergeben. Dies kann aus dem Projekt „Ein Jahr danach", welches in der Kreispolizeibehörde Kleve durchgeführt wurde, geschlossen werden.[17]
In einem Gespräch mit dem Opferschutzbeauftragten[18] aus dem Kommissariat „Vorbeugung" dieser Behörde wurde folgendes Beispiel angeführt.
Ein LKW - Fahrer kam bei einem Verkehrsunfall ums Leben. Die Benachrichtigung der Familie erfolgte in diesem Fall durch den Chef des Verstorbenen. Die Polizei hatte die Aufgabe, die persönlichen Gegenstände des Toten zu übergeben, so dass die Familie aufgesucht wurde. In einem Gespräch mit den Hinterbliebenen wurde gegenüber dem Polizeibeamten Traurigkeit, Enttäuschung und das Nichtverstehen über die Handhabung der Übermittlung der Todesnachricht geäußert. Die Familie hätte sich gewünscht, dass dies von Polizeibeamten erfolgt wäre, da noch so viele Fragen offen gewesen seien. Fragen, die der Chef des Verstorbenen aus Unkenntnis nicht beantworten konnte, sondern nur die Polizei. Denn nur sie hatte genaue Informationen und konnte daher detaillierte Angaben zum Unfallort und -hergang geben. Sie konnte sagen, wann, wie, wo und warum der Tod eingetreten war und wieso keine ärztliche Hilfe mehr möglich war. Dies ist für die Angehörigen sehr bedeutsam.
Außerdem stellen die Autoren der Studie fest, dass Hinterbliebene spontan zur Unfallstelle, ins Krankenhaus oder in die Leichenhalle fahren. Vor allem ist das dann der Fall, wenn sie den Tod eines nahen Verwandten durch Medien oder Nachbarn erfahren und sich niemand um die Betroffenen kümmert. In der Fachliteratur spricht man hier von so genannten „Nonsenshandlungen", an die sich die Handelnden später nicht mehr erinnern

[16] Vgl. Müller-Tucholski / Ley (1998), S. 412.
[17] Das Projekt wurde 1998 von einer Gruppe von Polizeibeamten in enger Kooperation mit der evangelischen Landespolizeiseelsorge durchgeführt. Vgl. Trappe (2000).
[18] Dieser war Mitglied der zuvor erwähnten Projektgruppe.

können.[19]
Bei den Angehörigen wird durch diese schreckliche Nachricht folglich eine Dynamik ausgelöst, die erneute Gefahrenlagen verursachen kann. Die bewusste Verhaltenssteuerung wird eingeschränkt, so dass sie z. B. „kopflos" am Straßenverkehr teilnehmen. Dadurch können sie andere und auch sich selbst gefährden.
Kommen sie zum Unfallort an, dann können sie außerdem durch ihre Anwesenheit die Unfallaufnahme erheblich behindern.[20]
Die Überbringung der Todesnachricht durch die Polizei bedeutet folglich präventive Gefahrenabwehr, denn so kann auf die Betroffenen angemessen eingewirkt werden, um oben genannte Gefahren zu vermeiden. Die Polizei kann sich um die Trauernden kümmern und mit der Krisenintervention beginnen. Hilfreich kann hierbei auch die Hinzuziehung eines Pfarrers oder Seelsorgers sein.

2.2 Zur Rolle von Pfarrern und Seelsorgern

Liegt es im Aufgabenbereich der Polizei, eine Todesnachricht zu überbringen, so haben die Beamten auch die Möglichkeit, einen Pfarrer oder Seelsorger hinzu zu ziehen.
Im Rahmen der zu ihren Amtspflichten gehörenden Seelsorge, unter der man die Unterstützung und Begleitung des Einzelnen in Fragen des Glaubens und der Lebensführung versteht, helfen Pfarrer den Gläubigen naturgemäß auch in schweren Lebenskrisen.[21]
Folglich empfiehlt sich die Hinzuziehung eines Pfarrers oder Seelsorgers insbesondere dann, wenn die Angehörigen des Verstorbenen gläubige Christen sind. Die Begleitung ist aber auch möglich, wenn die Hinterbliebenen nicht kirchlich gebunden sind, da der Pfarrer bzw. Seelsorger aufgrund seiner seelsorgerischen Erfahrung unterstützend wirken kann.
Er wird zumeist als Stütze wahrgenommen und nicht wie die Polizei als

---

[19] „Ich habe mich nach der Benachrichtigung wie in Trance ins Auto gesetzt und bin zur Unfallstelle gefahren. Auf den fließenden Verkehr der B 9 habe ich nicht mehr geachtet ..." Vgl. Trappe (2000), S. 32.
[20] Diese Erkenntnisse erlangte ich durch das Gespräch mit dem Opferschutzbeauftragten der Kreispolizeibehörde Kleve.
[21] Vgl. Brockhaus, Enzyklopädie in 24 Bd. (1993), S. 39.

staatliches Ausführungsorgan.[22] Dies ist insbesondere dann der Fall, wenn die Angehörigen schlechte Erfahrungen mit der Polizei gemacht haben. Ist die Kirchengemeinde noch intakt, genießt der Pfarrer in der Regel Akzeptanz in den Familien und ist mit den Gegebenheiten in der Familie und deren gesundheitlicher Verfassung vertraut.
Da Polizeibeamte die Betroffenen nicht über die Phase der eigentlichen Mitteilung der Todesnachricht hinweg betreuen können, um ihre Schock- und Trauerreaktionen angemessen aufzufangen[23], ist es praktisch entlastend, einen Pfarrer als Seelsorger hinzuziehen zu können, der diese Aufgabe übernimmt, während die Polizeibeamten die notwendigen bürokratischen Formalitäten klären und dann den Ort der Überbringung wieder verlassen.
Diese arbeitsteilige Verfahrensweise erfordert jedoch eine genaue Absprache zwischen den Polizeibeamten und dem Pfarrer oder Seelsorger über ihre Funktionen und den jeweiligen konkreten Fall.
Ich habe hierzu den Polizeiseelsorger, welcher für die Polizeidirektion Gotha zuständig ist, befragt.
Er wies mich ausdrücklich darauf hin, dass die Überbringung der Todesnachricht Aufgabe der Polizei und nicht die des Pfarrers sei. Der Pfarrer werde nur unterstützend tätig. Zudem habe er die Polizisten ebenso intensiv zu betreuen wie die Empfänger der Nachricht.[24] Die Polizeibeamten hätten außerdem bei der Überbringung einer Todesnachricht größere Erfahrungen und wüssten genau, was in dieser Situation zu tun sei. Weiter gab er an, dass es bei der Hinzuziehung eines Seelsorgers wichtig sei, dass diese von den Betroffenen auch akzeptiert werde. Er habe in mehreren Fällen das Gegenteil erlebt, d. h. die Betroffenen seien mit seiner Anwesenheit nicht einverstanden gewesen. In einem Fall habe man ihn vor der Haustür „abgefertigt“. Dies zeige, dass nicht immer ein Pfarrer erwünscht sei, egal ob die Trauernden kirchlich gebunden seien oder nicht. Allerdings seien die Betroffenen in den meisten Fällen, die er erlebt habe, über seine Gegenwart froh gewesen.

---

[22] Dies wurde in dem Gespräch mit dem Polizeiseelsorger, der für den Raum Gotha zuständig ist, deutlich.
[23] Vgl. Kirchliche Polizeiseelsorge im Regierungsbezirk Tübingen (in Zusammenarbeit mit der Polizeidirektion Biberbach) (o. J.): Sie haben eine Todesnachricht zu überbringen. Faltblatt o. O.
[24] Genau genommen ist der Polizist der eigentliche Adressat des Polizeipfarrers und erst dem nachgeordnet der Betroffene.

Das wirft die Frage auf, ob in allen Fällen, mehr oder weniger schematisch, ein Pfarrer hinzugezogen werden soll, da evtl. die Anwesenheit eines Pfarrers bzw. Seelsorgers von den Adressaten der Todesnachricht gar nicht erwünscht ist.[25]

2.3 Zur Rolle von Ärzten

Befand sich der Verstorbene in Obhut eines Krankenhauses oder Pflegeheimes, so überbringt in der Regel der Arzt den Hinterbliebenen die Todesnachricht, da dies Teil seines Arbeitsbündnisses zwischen ihm und seinem Patienten ist.[26]

Genau wie für Polizeibeamten ist es für den Arzt unerlässlich, die Angehörigen so direkt wie möglich und ohne unnötige Umwege und Verzögerungen zu informieren. Dabei ist es egal, ob sie auf den Todesfall gefasst waren oder nicht. Sie haben ein Recht darauf, vom Tod ihres Angehörigen unverzüglich in Kenntnis gesetzt zu werden.[27]

Und genauso wie Polizeibeamte sollte er die Nachricht grundsätzlich nicht telefonisch übermitteln[28], zumal er dann keine Möglichkeit hat, dem Angehörigen, dem er die schreckliche Nachricht am Telefon mitteilte, zu helfen, wenn dieser aufgrund der Wirkung der empfangenen Todesbotschaft in eine akute medizinische Krise gerät und zu einem Notfall wird.

[25] Aus soziologischer Perspektive drängt sich der Verdacht auf, dass der Pfarrer in vielen Fällen eher zur Beruhigung und Betreuung der Polizisten mitkommt als zur Beruhigung des Angehörigen. Denn allein seine Begleitung hat schon eine handlungsentlastende Funktion, weil die Polizisten sich nicht mehr nur auf sich alleine verlassen müssen.

[26] Vgl. Müller-Tucholski / Ley (1998), S. 412.

[27] Vgl. Sudnow (1973), S. 160.

[28] Genau dies habe ich selbst erlebt.

3. Überbringung von Todesnachrichten in der polizeilichen Praxis

3.1 Handhabung bei der Polizeidirektion Gotha

Wie ich in Gesprächen mit Beamten der Polizeidirektion Gotha erfuhr, gibt es keine feste Regelung, nach welchen Kriterien ein Überbringer einer Todesnachricht ausgewählt wird.
Dies veranlasste mich dazu, die derzeitige Verfahrensweise genauer zu untersuchen. Um den Rahmen dieser Arbeit einhalten zu können, habe ich mich hierbei auf die Polizeiinspektion (PI) und Kriminalpolizeiinspektion (KPI) der Polizeidirektion Gotha beschränkt.
Zunächst wird die Vorgehensweise bei der PI beschrieben. Ein befragter Dienstgruppenleiter (DGL) erzählte, dass die Überbringung einer Todesnachricht z. B. bei einem Verkehrsunfall mit tödlichem Ausgang zu seinem Aufgabenbereich gehöre. Wenngleich die Unfallaufnahme Priorität habe, sei die Anschlussaufgabe dann die Verständigung der Angehörigen des Verunfallten. Nachdem alle hierzu erforderlichen Informationen eingeholt seien, begebe er sich mit einer Kollegin auf den „schwierigen Weg".[29] Er lege großen Wert darauf, dass eine Beamtin mit vor Ort komme, um die Angehörigen in geeigneter Weise zu trösten. Bei der Auswahl der Kollegin treffe es dabei willkürlich irgendeine Beamtin aus der Dienstgruppe, die gerade Dienst versehe und keinem anderen Auftrag nachkommen müsse.
Das Problem, das ich hier sehe, ist, dass die Auswahl der Kollegin sich nicht nach deren Erfahrung oder Kompetenz richtet, sondern nach dem Zufallsprinzip. Dies halte ich für ungünstig, insbesondere wenn man bedenkt, dass sie durch ihr Auftreten vor Ort Einfluss auf das „Wie" der Mitteilung hat, was nicht zuletzt auch bedeutsam für das Image der Polizei ist. Denn die Benachrichtigungsszenerie hat große Bedeutung für die Trauernden.[30] Das heißt, die Wirkung, die ein Polizist in dieser extrem krisenhaften Situation hinterlässt, ist sowohl im positiven als auch im negativen Sinne besonders stark und nachhaltig.[31]

[29] An dieser Stelle möchte ich auf die zeitliche Komponente verweisen, welche sehr bedeutsam für den weiteren Verlauf sein kann.
[30] Dies ist eine zentrale Erkenntnis aus meiner Untersuchung.
[31] Vgl. Müller-Tucholski / Ley (1998), S. 411.
[32] Vgl. Der Landrat als Kreispolizeibehörde Kleve (2001), S. 4.

Um die Vorgehensweise bei der Kriminalpolizeiinspektion (KPI) zu erfahren, wurde ein Gespräch mit einem Kollegen des Kommissariats „Leben und Gesundheit“ geführt.
Aufgrund der Eilbedürftigkeit würde in der Regel die Todesnachricht durch den Kriminaldauerdienst (KDD) überbracht, denn er sei für Sofort- und Eilmaßnahmen zuständig. Derjenige, der für die Aufnahme des Sachverhaltes verantwortlich sei, sei auch für die Überbringung der Todesnachricht zuständig, da er die Entscheidungsbefugnis in diesem Fall besitze.
Somit entscheidet auch hier der Zufall über die Auswahl des Überbringers. Anders ist es, wenn bereits ein Verfahren bei der KPI bearbeitet wird und in Verbindung mit diesem eine Todesnachricht überbracht werden muss. Dann würde dies durch Kollegen des Kommissariats erledigt werden. Die Überbringung erfolge hier durch Beamte, die aufgrund von Ermittlungen in irgendeiner Weise bereits mit den Betroffenen in Kontakt gestanden haben. Hierbei achte man darauf, dass ein kleiner Personenkreis die Ermittlungen bei den Betroffenen führe. Somit würde verhindert, dass man die Angehörigen mit einer Überzahl von Beamten konfrontiere. Außerdem bilde sich ein gewisses Vertrauensverhältnis heraus, wenn die Ermittlungen beim Angehörigen durch ein und dieselben Polizisten erfolgten. Somit könne das eine oder andere Problem ausgeschlossen werden. Die Polizeibeamten seien bei den Angehörigen bereits bekannt und könnten daher leichter mit diesen Personen ins Gespräch kommen. Auch hier werde in der Regel eine Beamtin hinzu gezogen. Hierbei handle es sich meist um eine Kollegin, die sich für die Übermittlung der Todesnachricht als geeignet erwiesen habe. Mit dieser Vorgehensweise seien bisher gute Erfahrungen gemacht worden. Für die Kollegen in Gotha besteht die Möglichkeit, den Polizeipfarrer, welcher für diesen Bereich zuständig ist, hinzu zu ziehen. Doch steht dieser nicht immer zur Verfügung, so dass die Begleitung durch diesen Pfarrer nicht in jedem Fall gewährleistet ist.

3.2 Vergleich zur Kreispolizeibehörde Kleve

Im Rahmen meiner Recherchen stellte ich fest, dass in der Kreispolizeibehörde Kleve nicht per Zufall entschieden wird, welcher Kollege eine Todesnachricht überbringen soll, sondern es wird nach einem festen Schema verfahren. Diese Praxis ist bundesweit bisher einmalig. Daher beziehe ich die Handhabung dieser Dienststelle in meine Untersuchung mit ein. Ich werde diesen Teil etwas breiter ausführen, um die Entwicklung der dortigen Vorgehensweise, die sich als Ergebnis der Studie „Ein Jahr danach“ herausgebildet hat, näher zu erläutern.
In einem persönlichen Gespräch mit einem Polizeibeamten dieser Behörde erfuhr ich, dass bei schweren Verkehrsunfällen bereits in der 1. Phase in der Besonderen Aufbauorganisation (BAO) der Einsatzabschnitt (EA) „Un-

fallaufnahme und Beweissicherung" gebildet wird. Zu diesem EA zählt unter anderem auch die Suche nach persönlichen Gegenständen, die für die Überbringung einer Todesnachricht eine wichtige Rolle spielen können.
In der 2. Phase der BAO wird ein gesonderter EA „Benachrichtigung, Opferschutz und Opferhilfe" gebildet. In diesem EA hat die Polizei folgende Aufgaben:

- Aufsuchen des Unfallortes zur Informationsgewinnung
- Einbindung der Notfallseelsorge
- zeitnahe Benachrichtigung von Angehörigen, Bezugspersonen und ggf. die Überbringung von (ersten) persönlichen Gegenständen
- Treffen gefahrenabwehrender Maßnahmen hinsichtlich möglicher Eigen- und Fremdgefährdung, insbesondere durch Teilnahme am Straßenverkehr
- Einbeziehung von Kooperationspartnern (z. B. Bestatter, Krankenhauspersonal, Feuerwehr) und Anbieten weiterer Betreuung
- Ermöglichen eines zeitnahen Abschiednehmens für Angehörige und Bezugspersonen, ggf. nach Rücksprache mit der Staatsanwaltschaft
- Transparent machen des Unfallgeschehen und der Handlungsabläufe
- Sicherstellung der durchgängigen Erreichbarkeit eines Ansprechpartners
- Weitergabe von ermittlungsrelevanten Informationen
- Einsatzdokumentation[32]

Wie bereits ausgeführt, gehört die Überbringung der Todesnachricht in diesen gesonderten EA. Ausschlaggebend für die Bildung eines solchen EA war die zeitliche Komponente beim Überbringen einer Todesnachricht.
Die zuvor durchgeführte Studie mit dem Titel „Ein Jahr danach" ergab, dass ein zu geringer Zeitansatz für die Übermittlung vorgesehen war. Meist waren die Beamten vor Ort mit den ersten Maßnahmen so sehr überfordert, dass die Benachrichtigung nur unter enormen Zeitdruck erfolgen konnte, was nicht den Wünschen und Erwartungen der Angehörigen entsprach. Auch kam es in einzelnen Fällen dazu, dass die Angehörigen nicht oder nicht rechtzeitig bedacht oder sogar vergessen wurden[33]:

> „Man hat vergessen, uns zu benachrichtigen. Wir erfuhren von dem Vorfall, weil wir unsere Tochter gesucht haben und uns schließlich an die Polizei gewandt haben. Zu diesem Zeitpunkt wussten aber schon alle Nachbarn Bescheid, weil der Unfall in ‚Hier und Heute' gesendet worden war ..."[34]

---

[33] Diese Erkenntnisse wurden dem Gespräch mit dem Kollegen aus Kleve entnommen.
[34] Vgl. Trappe (2000), S. 31.

Dieser Fall zeigt, dass Zeitdruck nicht nur wegen des großen Umfangs der zu erfüllenden Aufgaben besteht, sondern auch die Medien hier ihren Teil dazu beitragen. Insbesondere der Rundfunk bringt die Nachricht über einen schweren Verkehrsunfall sehr frühzeitig an die Öffentlichkeit. Damit kann es passieren, dass die Angehörigen schon vor der persönlichen Mitteilung von dem Ereignis wissen. Im oben genannten Beispiel hatten die Betroffenen zwar noch keine Kenntnis von dem Schicksal ihrer Tochter, jedoch war die Möglichkeit gegeben, da die Information bereits per Rundfunk gesendet worden war.
Dass hier ein Problemfeld aufgezeigt wird, bewies die dahingehende Befragung von Betroffenen. Es stellte sich heraus, dass Angehörige solche Medienmitteilungen instinktiv richtig deuteten und auf sich bezogen.
Sendet beispielsweise der Rundfunk die Mitteilung über einen Verkehrsunfall mit Todesfolge als anonymes Ereignis, so kann es vorkommen, dass bereits ab diesem Zeitpunkt die Angehörigen den Tod eines Menschen ahnen oder vermuten.[35] In diesem Sinne äußerten sich zwei Befragte:

> „Jeden Morgen um 6:00 Uhr höre ich Radio. An diesem Tag erfuhr ich durch Antenne Niederrhein von einem Unfall und bin anschließend die Treppe hinauf gestürzt, um im Zimmer meines Sohnes nachzusehen. Er war nicht da; ich bin halb wahnsinnig geworden. Gegen 7:00 Uhr stand die Polizei vor der Tür ..."

> „Ich habe ca. ½ Stunde, nachdem meine Tochter das Haus verlassen hatte, von dem Unfall im Radio gehört. Ich höre eigentlich nur WDR 2. Das Radio läuft den ganzen Tag. Instinktiv habe ich gewusst, dass es sich um meine Tochter handelt ..."[36]

Um zu verhindern, dass sich beunruhigte Personen z.B. zum Unfallort begeben, sollte die Übermittlung einer Todesnachricht an die Angehörigen möglichst schnell erfolgen. Hierbei ist wichtig, dass an der Unfallstelle eine Informationssperre veranlasst wird, so dass die Angehörigen nicht von anderen Personen - wie Nachbarn, Feuerwehrleuten, Abschleppdienst u. a. - von dem Ereignis erfahren.
Daher kam die Projektgruppe in der Kreispolizeibehörde Kleve zum Schluss, dass es zugleich mit der Kenntnisnahme vom Tod eines Menschen Beamte geben müsse, die sich nur um die Überbringung der Todesnachricht kümmern. Entsprechend wurde dann auch der gesonderte EA ins Le-

[35] Vgl. Trappe (2000), S. 30 f.
[36] Vgl. Trappe (2000), S. 31.

ben gerufen und ein so genanntes „unumgängliches Bereitschaftssystem" gebildet.[37]
Dies bedeutet, dass wöchentlich immer zwei Polizeibeamte - von insgesamt acht Beamten - Bereitschaftsdienst versehen und sofort verständigt werden, sobald bekannt wird, dass eine Todesnachricht zu überbringen ist. Diese Beamten haben keine weitere Aufgabe, als sich mit dieser Problematik auseinander zu setzen. So haben sie Zeit festzustellen, wer zum engen und vertrauten Personenkreis des Verstorbenen gehört und somit der eigentliche Adressat der Nachricht ist. Weiterhin können sie sich über den genauen Unfallhergang und die eingeleiteten Maßnahmen informieren, da bei der Übermittlung immer wieder die Klärung von bestimmten, wiederkehrenden Fragegruppen erwartet wird, worauf die Überbringer also gut vorbereitet sein müssen. Ein weiterer Vorteil, der bei diesen Beamten besteht, ist, dass sie für die Überbringung einer Todesnachricht aus- und fortgebildet wurden.
Parallel dazu wird ein Pfarrer verständigt, welcher sich ebenfalls im Bereitschaftsdienst für diese Aufgabe befindet. Hierbei handelt es sich um einen Pfarrer, der die Vorgehensweise der Polizei genau kennt. Er hat die Möglichkeit, sich an das Polizeiinformationssystem anbinden zu lassen, um stets auch den gleichen Informationsstand wie die Polizeibeamten zu haben. Für diese Aufgabe hat er Zeit, da er weiß, dass er angerufen werden kann.
Muss also eine Todesnachricht überbracht werden, so werden die sich in Bereitschaft befindenden Beamten und der jeweilige Pfarrer als Kooperationspartner verständigt. Womit nicht mehr dem Zufall überlassen bleibt, *wer* die Todesnachricht zu überbringen hat, denn diese Aufgabe wird von einem fest bestimmten, speziell dafür ausgebildeten Personenkreis erfüllt., Daher werden auch keine Kollegen mit dieser Aufgabe betraut, die ihr persönlich und emotional nicht gewachsen sind.
Da mit dieser Verfahrensweise sehr gute Erfahrungen gemacht wurden, soll sie nunmehr auch in anderen polizeilichen Handlungsbereichen angewendet werden und nicht nur bei Verkehrsunfällen.
Ein Problem, was sich bei dieser Vorgehensweise aufwerfen kann, ist die Frage, wer sich bereit erklärt, diese Aufgabe auf Dauer zu übernehmen und sich dafür weiterzubilden. Diese Frage soll hier aber nicht weiterverfolgt werden, da dies über die Thematik hinausgehen würde.

[37] Diese Angaben wurden ebenfalls dem Gespräch entnommen.

3.3 Rolle des Überbringers einer Todesnachricht aus soziologischer Sicht

Ein Polizeibeamter, der eine Todesnachricht überbringt, löst bei dem Empfänger der Nachricht objektiv eine Krise aus[38]. Er wird durch die Übermittlung der Nachricht zum Todesboten. Dabei erbringt er durch die Übermittlung einen Dienst für die Familie, welche soziologisch gekennzeichnet ist durch eine komplexe Kombination diffuser Sozialbeziehungen.

3.4 Exkurs: Diffuse und spezifische Sozialbeziehungen

Eine *diffuse Sozialbeziehung* ist dadurch bestimmt, dass in ihr alles thematisierbar ist und derjenige die Beweislast trägt, der ein Thema ausschließen will. Diese Beziehung ist i) prinzipiell unkündbar. Für sie gilt ii) eine spezifische Form der Vertrauensbildung, welche nicht über allgemein explizierbare und standardisierbare Kriterien erfolgen kann. Sie hat iii) eine auf Organlust und Bedürfnisbefriedigung bezogene Körperbasis und gründet iv) auf extrem belastbare, wechselseitige affektive Bindungen.
Die beiden Grundtypen diffuser Sozialbeziehungen sind die Gatten- und Eltern-Kind-Beziehung.
Der Gegensatz hierzu ist die *spezifische (rollenförmige) Sozialbeziehung*. Sie ist dadurch geprägt, dass ihre Thematisierung eingeengt ist und derjenige die Beweislast trägt, der diese Thematisierung erweitern will. Spezifische Beziehungen sind kündbar und die Vertrauensbildung erfolgt hier über die Einhaltung prinzipiell explizierbarer und standardisierbarer allgemeiner Kriterien. In dieser Beziehung ist körperlicher Kontakt nur in genau bestimmbaren Ausnahmesituationen üblich und affektive Bindungen sind pathologisch.[39]
Der Polizeibeamte verkörpert die Institution Polizei und somit den Staat. Er steht also generell in einer spezifischen, rollenförmigen Sozialbeziehung zum Bürger, wie z. B. beim Aussprechen einer Verwarnung oder bei der Durchführung einer Verkehrskontrolle. Bei der Überbringung einer Todes-

---

[38] Diese Krise wäre aber auch ohne ihn ausgebrochen, sobald die Angehörigen von dem Verlust des nahen Verwandten erfahren hätten. Vgl. Müller-Tucholski / Ley (1998), S. 412.
[39] Vgl. Müller-Tucholski / Ley (1998), S. 412.

nachricht hat der Polizeibeamte die Aufgabe, den Angehörigen den Verlust einer nahe stehenden Person mitzuteilen. Dies ist Teil seiner Arbeit und gehört somit zu seinem Beruf. Zu dem Empfänger der Nachricht hat er in der Regel keine Beziehung und somit auch keine affektive Bindung. Aus diesem Grund könnte man annehmen, dass der Polizeibeamte zu ihm in einer spezifischen Beziehung steht. Aber das Überbringen einer Todesnachricht stellt sowohl für den Empfänger als auch für den Übermittler eine Krisensituation dar. In dieser atypischen Situation wird der Polizeibeamte für einen begrenzten Zeitraum zugleich zum diffusen Sozialpartner, denn er ist im Augenblick der Überbringung und bis zum Eintreffen eines Familienmitgliedes oder einer anderen Vertrauensperson möglicherweise der einzige Gesprächspartner. Dadurch wird er für den Trauernden in seiner schockartigen Traumatisierung zur Projektionsfläche für alle möglichen Ängste, Wünsche, Zornausbrüche, Aggressionen und Wutanfälle.[40] Es entsteht mithin in der Interaktion eine affektive Eruption, die notwendigerweise diffuse Aspekte in der Beziehung schaffen. Es kommt gewissermaßen zu Übergängen in allen Merkmalen der spezifischen und diffusen Sozialbeziehung, so dass der Polizeibeamte in der Situation der Überbringung einer Todesnachricht sowohl spezifischer als auch diffuser Sozialpartner sein kann. Beim Hinzuziehen eines Notfallseelsorgers können sich diese diffusen Aspekte stärker in der Beziehung zwischen dem Benachrichtigten und dem Pfarrer zeigen, als in der Beziehung zwischen dem Polizisten und dem Benachrichtigten, da der Polizist sich stärker auf die rein formale Mitteilung der Nachricht beschränkten kann und der Notfallseelsorger die Emotionen auffängt und sich um den Betroffenen kümmert, nachdem die Polizei den Ort wieder verlassen hat.
Die Krise, die durch den Polizeibeamten bei den Angehörigen ausgelöst wird, birgt auch Unwägbarkeiten für ihn selbst. Er weiß nicht, wie die Betroffenen auf seine Nachricht reagieren. Jedoch muss er mit den verschiedenartigen möglichen Situationen umgehen können. Dies hat gegebenenfalls zur Folge, dass auch bei ihm Angst und Gedanken über den eigenen Tod und den seiner Familienmitglieder auftreten können, wodurch bei ihm eine persönliche Betroffenheit ausgelöst wird. Er wird dabei an die Begrenztheit menschlichen Lebens erinnert.
Den Schmerz fremder Menschen so intim und hilflos miterleben zu müssen, belastet viele Beamte sehr nachhaltig.[41] Der Tod eines Kindes ruft hierbei im Gegensatz zum Tod eines älteren Menschen noch stärkere Emotionen und Assoziationen zum eigenen Leben hervor. Die aufkommende

[40] Vgl. Müller-Tucholski / Ley (1998), S. 413.
[41] Vgl. Wiegel (1988), S. 18.

Angst, dass das eigene Kind sterben könnte, fördert die Identifikation mit dem Leid der betroffenen Eltern. Für den Empfänger der Nachricht stürzt in der Regel die Welt zusammen, was bei den Überbringern zumeist starkes Mitleid auslöst und gleichzeitig die eigene Hilflosigkeit verdeutlicht. Der Umstand, als Todesbote zu handeln, ohne die Möglichkeit zu haben, echte Hilfe leisten zu können, kann beim Überbringer zu einer starken psychischen Belastung führen. Besonders deutlich wird dies, wenn ein Polizist den Tod einer Person mitteilen muss, die er zu Lebzeiten selbst gekannt hat. In diesem Fall kommt es zusätzlich zu einem Rollenkonflikt. Auf der einen Seite ist der Überbringer dann der Polizeibeamte, der aufgrund seiner dienstlichen Funktion die Todesnachricht überbringen muss, auf der anderen Seite ist er der Privatmensch mit allen Gefühlen, die beim Tod eines Verwandten oder Bekannten auftreten. Eine Rollentrennung ist in einem solchen Fall nur schwer oder gar nicht möglich.[42] Dennoch darf er sich von der Krise der Angehörigen nicht überwältigen lassen. Er muss damit umgehen können, denn er ist für das Rollenförmige und die Routine zuständig. Seine Aufgabe ist es, die Nachricht zu überbringen, bürokratisch notwendige Formalitäten abzuklären und im Anschluss daran dafür zu sorgen, dass sich eine Vertrauensperson um den oder die Trauernden kümmert. – Ende des Exkurses.

3.5 Methodik meiner empirischen Untersuchung

Mit meiner Untersuchung zielte ich darauf, herauszufinden, wie Polizeibeamte bei der Überbringung einer Todesnachricht vorgehen, wie sie sich dabei fühlen und wie in ihrem Lebensumfeld mit dieser Problematik umgegangen wird.

Zu diesem Zweck erstellte ich einen Fragebogen[43] für meine Untersuchung und befragte jeweils drei Kollegen und eine Kollegin der KPI und der PI in Gotha, die schon Erfahrungen mit dem Überbringen einer Todesnachricht gemacht haben.[44] Neben diesen Darstellungen habe ich meine im Praktikum zu diesem Thema gemachten Erfahrungen in die Arbeit mit einfließen lassen.

---

[42] Vgl. Gercke (1995), S. 31.

[43] Siehe dazu im Anhang unter 9.1 dieser Arbeit.

[44] Aus pragmatischen Gründen (u. a. Datenzugang) habe ich mich auf Polizeibeamte in Gotha beschränkt.

Nach welchen Kriterien suchte ich die Gesprächspartner für die Befragung aus? Zunächst achtete ich darauf, welche Todesursache vorlag. Denn schon allein die Art und Weise, wie eine Person aus dem Leben geschieden ist, kann Einfluss darauf haben, wie die Überbringung der Todesnachricht verläuft. Es macht nämlich einen Unterschied, ob die Person plötzlich und völlig unerwartet aus ihrem Lebensumfeld gerissen wurde oder ob die Angehörigen diese Nachricht bereits erahnten und sich in irgendeiner Weise auf sie vorbereiten konnten. Da mehrere Kollegen schon öfter eine Todesnachricht überbracht haben, traf ich weiterhin eine Auswahl, zu welcher Überbringung ich den Gesprächspartner befragen werde. Während der einzelnen Gespräche fiel mir schon auf, dass bei Todesnachrichten, welche durch Kollegen der KPI überbracht werden, sehr oft Ermittlungshandlungen voraus gehen, die sich aufgrund des Verdachtes einer Straftat ergeben können. Daher habe ich einen Kollegen A[45] zu einem Sachverhalt befragt, bei welchem die Tochter mit ihrem Kind zunächst vermisst war. Im Rahmen der Suchmaßnahmen wurde die Tochter tot aufgefunden. Die Umstände legten den Verdacht eines Tötungsdeliktes nahe. Neben der sofort eingeleiteten Ermittlungsarbeit, musste die Todesnachricht der Familie überbracht werden.
Als nächstes habe ich eine Kollegin B befragt, welche die Information bekam, dass zwei Personen während ihres Urlaubes im Ausland ermordet wurden. Die Ermittlungen wurden eingeleitet und die Todesnachricht musste den Eltern der beiden Opfer mitgeteilt werden.
Das dritte Gespräch führte ich mit einem Kollegen C, welcher den Auftrag erhielt, allein eine Todesnachricht zu überbringen. Dies erschien für meine Untersuchung in doppelter Hinsicht sehr interessant, da dies einerseits die erste Todesnachricht war, die dieser Kollege überbringen musste und er andererseits dabei von seinem Vorgesetzten oder einem Kollegen keine Unterstützung erfahren hat.
Ein anderer Kollege E hatte Eltern den Tod ihres kleinen Kindes, welches ertrunken war, mitteilen müssen. Da der die Todesnachricht übermittelnde Polizeibeamte selbst Vater von zwei kleinen Kindern ist, habe ich ihn zu dieser Nachricht befragt, um zu erfahren, wie ihn dies bei seiner Tätigkeit beeinflusste.
Anschließend befragte ich meinen Streifenpartner H, mit dem ich als Anfänger auf diesem Gebiet die Todesnachricht eines plötzlich natürlichen Todes bei einer Kegelmeisterschaft überbracht habe. Der Tod musste der Ehefrau mitgeteilt werden. Diesen wählte ich aus, um einerseits seine Sicht und persönlichen Empfindungen bei der Aufgabenerledigung zu erfahren und andererseits ein Feedback für mich zu erhalten.

[45] Die einzelnen Kollegen habe ich mit unterschiedlichen Buchstaben bezeichnet.

Danach interviewte ich eine zweite Kollegin D, welche zusammen mit ihrem Vorgesetzten einer allein stehenden Mutter die Nachricht vom Tod ihres kleinen Kindes überbracht hat. Die Besonderheit dieser Nachricht war, dass sie zwischen „Tür und Angel“ überbracht werden musste.
Ein weiterer befragter Kollege F hat ebenfalls eine Todesnachricht allein überbracht. Bei dieser Übermittlung kam es zu körperlichen Auseinandersetzungen.
Da auch die Gefühle und Empfindungen der Polizeibeamten bei dieser schwierigen Aufgabe eine große Rolle spielen, habe ich einen Polizisten G befragt, welcher den Eltern eines ehemaligen Kollegen die Nachricht von dessen Tod überbrachte. Er selbst war mehrere Jahre der Vorgesetzte des Verstorbenen gewesen. Dadurch hatte sich eine gewisse affektive Bindung aufgebaut, wodurch die Überbringung der Todesnachricht für den Polizeibeamten noch schwieriger wurde.

3.5.1 Empirische Befunde

3.5.1.1 Zur Vorgehensweise bei der Überbringung einer Todesnachricht und psychische Folgen für die Überbringer

In diesem Abschnitt der Arbeit werde ich versuchen, die Vorgehensweise und Befindlichkeit der befragten Polizeibeamtinnen und -beamten bei der Übermittlung einer Todesnachricht wiederzugeben.
Ich beginne mit der Kollegin B von der KPI Gotha. Anhand eines Beispieles schilderte sie, wie sie eine Todesnachricht überbringt. Sie ermittle zunächst den genauen Adressaten der Nachricht und kläre anschließend - noch vor der Mitteilung - das familiäre Umfeld ab, um dahingehend entsprechende Maßnahmen treffen zu können, wie z. B. die Hinzuziehung eines Arztes oder Pfarrers. Im konkreten Fall habe sie etwas unter Zeitdruck gestanden, da das Ehepaar, welches ermordet worden war, an diesem Tag aus dem Urlaub wieder zurück kommen sollte. Also hätten die Eltern, noch bevor sie zum Flughafen fuhren, um das junge Paar dort abzuholen, von der schrecklichen Nachricht erfahren müssen. Sie habe daher mit einem Kollegen möglichst schnell die Eltern des ermordeten Ehepaares aufsucht und sich dort mit ihrem Namen und ihrer Dienststelle vorgestellt. Obwohl die Eltern jetzt schon erschrocken und sehr aufgeregt gewesen seien, habe sie diese gebeten, sie eintreten zu lassen und sich hin zu setzen, um eine angemessene Atmosphäre zu schaffen. Sie habe dann die Todesnachricht überbracht.
Anschließend habe sie die Eltern über die weitere Vorgehensweise der Polizei unterrichtet und ihnen erklärt, welche Wege und Formalitäten auf sie zukommen würden. Dafür sei man ihr sehr dankbar gewesen. Da beide kei-

nen Arzt oder eine Vertrauensperson wünschten und sehr gefasst waren, habe sie sich anschließend verabschiedet.
Die Beamtin B berichtete, dass sie vor, während und auch nach der Überbringung immer ein „mulmiges Gefühl im Bauch" hatte. Ihr falle es schwer, Leuten, die zuvor mit ihrem Leben zufrieden waren, solch eine schreckliche Nachricht mitzuteilen, da ihnen dadurch eine tiefe Wunde in ihrem Leben zugefügt werde.
Bei einer späteren unverhofften Begegnung mit dem Empfänger der Todesnachricht, so die Beamtin, habe sie des Öfteren das Gefühl verspürt, dass dieser die durch die Todesnachricht verursachte Wandlung in seinem Leben mit ihrer Person verbinde. Zwar werde dies nicht wörtlich zum Ausdruck gebracht, jedoch habe sie den Eindruck, dass sie für die negative Erinnerung verantwortlich gemacht werde. Dieses Gefühl, für das Negative verantwortlich gemacht zu werden, bestünde auch, wenn die Nachricht schon lange zurückliege.
Der Kollege A der KPI musste den Eltern den Tod der vermissten, siebenundzwanzigjährigen Tochter mitteilen. Im Rahmen der Suchmaßnahmen war die Frau nackt an einen Baum gefesselt aufgefunden worden. Er habe gewusst, dass diese Nachricht die Familie sehr hart treffen werde. Dennoch musste die Todesnachricht sehr zeitnah überbracht werden, da der Polizei aufgrund der Todesursache und der Örtlichkeit die Presse „im Nacken gesessen" habe. Er habe den Notarzt verständigt und sich ohne große Vorbereitung mit einem Kollegen zu den Angehörigen begeben.
Aufgrund seines Erscheinens und des ernsten Eindruckes, den er ausgestrahlt habe, habe die Familie sofort angenommen, dass er keine gute Nachricht bringe. Er sei den betroffenen Personen aufgrund der zuvor unternommenen Ermittlungen bereits bekannt gewesen und habe sich daher nicht erst vorzustellen müssen. Er habe der Mutter der Verstorbenen die Hand gegeben, ihr tief in die Augen gesehen und zu ihr im ruhigen Ton gesagt, dass er keine gute Nachricht für sie habe. Darauf sei ihm die Frage gestellt worden, ob die Polizei die Tochter tot aufgefunden habe. Der überbringende Beamte habe nur noch nicken müssen, um die Frage zu beantworten. Er habe anschließend die Mutter in den Arm genommen, sie an seinen Körper gedrückt und festgehalten. Durch diese Handlungsweise habe er versucht, der Mutter in diesem Moment psychischen Halt zu geben.
Anschließend habe er ihr mitgeteilt, dass das ebenfalls vermisste Enkelkind noch nicht gefunden worden sei, aber alles Mögliche für das Auffinden des Kindes und zur Aufklärung der Tat unternommen werde. Diese Äußerung sei in der Familie - wenn auch nur als kleiner - Trost empfunden worden. Kollege A äußerte weiterhin, dass er sich in dieser Situation nicht sehr wohl gefühlt habe, aber er wisse, dass er sich von den Gefühlen der Familie nicht „überrollen" lassen dürfe. Da er der Leiter der Kommission für die Aufklärung der Straftat war, habe er sich auch bald wieder auf seine eigent-

liche Arbeit konzentrieren müssen. Trotz alledem habe er sich die Zeit genommen, den Angehörigen ihre Fragen ausreichend zu beantworten, und ihnen zugehört. Er gab an, dass es für die Angehörigen sehr bedeutsam sei, wenn man ihnen zuhöre, da sie in diesem Moment sehr viel über die verstorbene Person mitteilen wollen. Daher müsse der Überbringer zunächst sehr viel Verständnis zeigen, damit die Trauernden die ersten Minuten nach der Mitteilung gut überstehen. Er empfände es als falsch, die Familie sofort mit bürokratischen Formalitäten zu konfrontieren, da sie dadurch nur unnötig belastet würde. Deshalb habe er einen späteren Termin vereinbart, um die formellen Dinge zu klären. Erst als der erste Schock überwunden war und kein Arzt benötigt wurde, habe er sich von der Familie verabschiedet.
Kollege C wurde von seinem Vorgesetzten davon in Kenntnis gesetzt, dass eine andere Dienststelle telefonisch um Amtshilfe ersucht habe, da eine Person bei einem Segelunfall tödlich verunglückt sei und deren Sohn verständigt werden müsse.
Es sei seine erste Todesnachricht gewesen, und diese habe er allein überbringen müssen. Er habe sich aber darüber keine weiteren Gedanken gemacht und gedacht, es werde schon gut gehen. Nachdem die Rettungsleitstelle davon in Kenntnis gesetzt worden sei, habe er sich ohne weitere Vorbereitung auf den Weg begeben. Da er zivil bekleidet war, habe er sich zunächst vorgestellt und anschließend um Einlass gebeten. In der Wohnung habe er dem Sohn den Tod seines Vaters mitgeteilt. Der Sohn habe einen Kaffee angeboten und obwohl der Beamte keinen wollte, habe er eine Tasse getrunken. Nach einem kurzen Gespräch habe er sich dann verabschiedet und erst auf dem Rückweg habe er über die Situation nachgedacht. Dabei sei ihm die Frage „Was hätte ich gemacht, wenn der Empfänger umgefallen wäre oder mich angegriffen hätte?“ durch den Kopf gegangen. Ihm sei nachträglich klar geworden, dass er sehr leichtsinnig gehandelt hatte. Daher habe er sich vorgenommen, nie wieder allein eine Todesnachricht zu überbringen. Eventuelle Fragen zum Sachverhalt hätte er nicht beantworten können. Er hätte nur an die mitteilende Behörde verweisen können, da ihm keine näheren Informationen zum Sachverhalt bekannt gewesen seien. Kollege C wies darauf hin, dass es für die Empfänger besser sei, in ziviler Kleidung vorzusprechen. Schon beim Anblick der Uniform würden viele Menschen erschrocken und sehr ängstlich reagieren. Er habe die Erfahrung gemacht, dass die Leute nicht gleich mit dem Schlimmsten rechnen, wenn man in Zivilkleidung erscheint. Somit bestünde die Möglichkeit, die Empfänger durch einleitende Sätze vorsichtig auf die Nachricht vorzubereiten. Dabei sei es sehr wichtig, dass man sich in die Lage des Empfängers hinein versetze, um sich richtig und angemessen verhalten zu können. Er gab an, dass die Trauernden merken würden, ob ein Polizist nur die Nachricht überbringe, weil es sein Job sei oder ob er menschlich sei und mitfühlen könne. Dies sei sehr bedeutend für den Empfänger.

Die Kollegin D von der PI Gotha schilderte mir, dass sie mit ihrem Vorgesetzten einer allein stehenden Mutter den Tod eines ihrer Kinder mitteilte. Da es für sie die erste Überbringung einer solchen Nachricht war, sei sie sehr aufgeregt gewesen. Sie habe Angst gehabt, dass ihr dabei Fehler unterlaufen könnten. Daher habe sie sich vorher mit ihrem Kollegen genau abgesprochen, wer was mache. Dies sei für sie sehr wichtig gewesen. Dem Notarzt sei der Sachverhalt bekannt gewesen, so dass er ohne großen Zeitverzug hätte hinzu gerufen werden können. Da es aus psychologischer Sicht für den Empfänger besser sei, die Nachricht an einem ruhigen Ort sitzend zu erfahren, habe ihr Kollege die Mutter gebeten, eintreten zu dürfen. Auch nach mehrmaligem Bitten wurde ihnen kein Einlass gewährt, so dass sie der Mutter die Todesnachricht zwischen „Tür und Angel" habe mitteilen müssen. Dies habe dazu geführt, dass sie sich sehr unwohl gefühlt habe und sich „verloren" vorkam, denn damit habe sie nicht gerechnet. Es sei ihr und ihrem Kollegen nicht möglich gewesen, die Mutter schonend auf die Nachricht vorzubereiten, da eines ihrer Kinder in der Tür die Frage gestellt habe, ob der Bruder tot sei. Diese Frage hätte sie nur beantworten müssen, womit gleichzeitig die schreckliche Nachricht überbracht war. Sie habe der Mutter anschließend erklärt, wie es zu dem Badeunfall gekommen sei. Dabei seien in ihr selbst sehr viele Emotionen aufgetreten, da sie den Tod eines Kindes mitteilen musste, welches genauso alt war wie ihr eigener Sohn. Sie habe diese Situation als sehr schlimm empfunden, da sie sich vorgestellt habe, wie es wäre, wenn man ihr solch eine Nachricht übermitteln würde. Sie sei daher über die Teilnahmslosigkeit der Mutter sehr erschüttert gewesen und könne sich ihre Reaktion nicht erklären. Da die Frau ein weiteres Gespräch offensichtlich nicht wünschte, habe sie mit ihrem Kollegen den Ort bald wieder verlassen, wobei sie sich sehr „unwohl gefühlt" habe.
Während mir der Kollege E der KPI seine Erfahrungen bei der Übermittlung der Todesnachricht eines verstorbenen kleinen Kindes schilderte, fiel mir auf, dass ihn diese Situation noch immer sehr zu beschäftigen schien. Er sprach sehr leise und nachdenklich. Zeitweise standen ihm Tränen in den Augen. Er war selbst Vater von zwei kleinen Kindern und sagte, dass wohl unbewusst eine Identifikation mit dieser Situation eingetreten sei. Er habe ein unangenehmes Gefühl gehabt, da die Todesnachricht in der Rettungsleitstelle und nicht in einem für die Eltern gewohnten Umfeld überbracht werden musste. Seine Kollegen und er hätten die Eltern in einen Ruheraum gebeten, um dort eine ruhige Atmosphäre zu schaffen. Jedoch hätten diese sich hier nicht „heimisch" fühlen können, da sie sich nicht in ihrem Schutzbereich befanden (z. B. Wohnung), sondern in einem für sie völlig fremden Raum, in dem vor ihnen zudem drei fremde Polizisten standen. Er (Kollege E) habe sich der Mutter angenommen und habe versucht, sie durch tröstende Worte zu beruhigen. Er habe sie in den Arm genom-

men, um ihr psychische Unterstützung in dieser schweren Stunde zu geben. Der Vater des Kindes habe sich während der ganzen Zeit im Raum befunden und stillschweigend auf einem Stuhl gesessen. Während die anderen beiden Kollegen wieder ihrer Aufgabe nachgegangen seien, sei er (Kollege E) bei den Eltern geblieben. Da die Mutter ihren Sohn gerne noch einmal sehen wollte, sei ihr dies in Abstimmung mit dem Arzt gestattet worden. Die Mutter habe so Gelegenheit gehabt, ihr Kind noch einmal zu sehen, zu drücken und zu küssen. Dies sei für sie sehr wichtig gewesen. Ein Mitarbeiter von der Krisenintervention sei hinzugekommen und habe sich weiter um die Eltern gekümmert.
Kollege F teilte einem stark angetrunkenen Ehepaar allein mit, dass vermutlich ihr Sohn bei einem Verkehrsunfall ums Leben gekommen sei. Da die Identität noch nicht eindeutig geklärt war, habe er die Mutter gefragt, ob sie zu einer Identifizierung bereit wäre. Der Vater, der damit offensichtlich nicht einverstanden war, habe ihn körperlich angegriffen und dabei das Diensthemd zerrissen. Worauf er mit körperlicher Gewalt reagierte, um weitere Angriffe von sich abzuwehren. Die Frau habe geweint und sich an seinem linken Arm festgehalten, und der Hund habe an seiner Hose gezupft. Nachdem sich die Eltern wieder einigermaßen beruhigt hätten, habe die Mutter die verstorbene Person als ihren Sohn identifiziert. Diese sehr kritische Situation habe ihn dahingehend geprägt, dass er nie wieder allein und ohne Funkgerät oder Handy eine Todesnachricht überbringen werde. Er machte anschließend darauf aufmerksam, dass das Zeigen von Anteilnahme und die Erklärung, dass alles Mögliche versucht werde, den Sachverhalt zu klären, für die Empfänger sehr bedeutsam sei. Es helfe ihnen, zu wissen, dass sie nicht allein seien.
Sehr starke Emotionen verspürte Kollege G, als er mit seinem Vorgesetzten und einem Pfarrer den Eltern den Tod ihres Sohnes überbringen musste. Da er selbst mehrere Jahre lang der Vorgesetzte des Verstorbenen gewesen sei, habe er ihm relativ nahe gestanden. Auf dem Weg zu den Eltern habe er versucht, sich mental auf die Situation einzustellen, da für ihn selbst das Ganze noch unfassbar gewesen sei. Nach erfolgter Absprache mit dem Pfarrer habe man den Garten der Eltern aufgesucht. Nachdem man die Eltern ins Haus gebeten hatte, habe der Pfarrer in einfühlsamer Weise den Eltern zu verstehen gegeben, ihr Sohn sei aufgrund des von ihm gewählten Freitodes, dessen Gründe nicht bekannt seien, verstorben.[46] Als die Mutter wissen wollte, wie es passiert sei, habe der Pfarrer ohne sichtlich zu zögern geantwortet, dass er vor einen LKW gesprungen sei, wodurch er sich das Genick gebrochen habe und sofort tot gewesen sei. Dies sei zwar eine

[46] In diesem Fall hat der Pfarrer die eigentliche Nachricht mitgeteilt und nicht die Polizei. Dies verdeutlicht die Außergewöhnlichkeit einer Todesnachricht. Jede Situation ist anders, so dass es keine festgesetzte Verhaltensweise geben kann.

„Schutzbehauptung“ des Pfarrers gewesen, da er dies nicht wissen konnte, aber in dieser konkreten Situation hilfreich für die Eltern.
Kollege G empfindet es als wichtig, „nicht lange drum herum zu reden“, sondern „schnell zur Sache“ zu kommen, ansonsten könne man die Trauernden nur unnötig belasten und vielleicht bei ihnen auch Hoffnung erwecken. Er finde es falsch, wenn man die Leute zu lange in Anspruch nähme, als Überbringer zu viel rede, sie dadurch nicht zur Ruhe kämen oder zu wenig Freiraum für die Trauer hätten. Man solle eher schweigen und den Trauernden zunächst aktiv zuhören.
Als letztes möchte ich kurz auf die Todesnachricht eingehen, welche ich zu Beginn meines Führungspraktikums zusammen mit dem Kollegen H überbracht habe. Anfangs fühlte ich mich aufgrund von Buchwissen und da ich mit vielen Kollegen darüber gesprochen hatte sehr sicher. Uns war bekannt, dass die betreffende Familie kirchlich gebunden ist, also versuchten wir einen Pfarrer als Unterstützung hinzu zu ziehen. Zu diesem Zeitpunkt stand jedoch kein Notfallseelsorger zur Verfügung, so dass wir die Todesnachricht allein überbrachten. Beim Drücken des Klingelknopfes merkte ich, wie mir die Knie weich wurden. Ich hatte ein „mulmiges Gefühl im Bauch“. Dennoch hoffte ich, dass die Ehefrau des verstorbenen Mannes zu Hause ist, obwohl auf mehrmaliges Klingeln nicht geöffnet wurde. Mir war es sehr wichtig, ihr persönlich und zeitnah die Nachricht mitzuteilen, bevor sie diese eventuell durch dritte Personen erhalte. Als schließlich nach einigen Minuten geöffnet wurde, bat ich die Frau, uns eintreten zu lassen. Allein durch unser Erscheinen war sie sehr erschrocken, ängstlich und neugierig. Bereits an der Hoftür wollte sie wissen, was los sei, wodurch es umso schwieriger wurde, in die Wohnung eingelassen zu werden. Nach wiederholtem Bitten führte sie uns in die Küche. Dort setzte ich mich mit ihr hin und versuchte ihr schonend die Todesnachricht mitzuteilen. Ich verspürte dabei ein Gefühl, als ob es mir den Hals zuschnüre. Nachdem ich kurze Zeit geschwiegen hatte, schilderte ich ihr genau, wie es zum Tod ihres Mannes gekommen war und wo er sich jetzt befindet. Kollege H hielt sich mehr im Hintergrund auf und überließ mir die Gesprächsführung. Die Frau wollte das Gehörte nicht glauben, und ich bot ihr an, persönlich von ihrem Ehemann Abschied zu nehmen. Mit ihrem Einverständnis setzte sich mein Kollege mit dem Bestattungsinstitut in Verbindung und vereinbarte einen Termin für den späten Nachmittag. Die Frau wünschte sich die Anwesenheit ihrer beiden Söhne. Diese wurden telefonisch gebeten, in das Elternhaus zu kommen. Dort teilte die Frau ihren Kindern selbst die schreckliche Nachricht mit. Als sich die Familie einigermaßen beruhigt hatte und wir nach zweiundeinhalb Stunden offensichtlich nichts mehr für sie tun konnten, verabschiedeten wir uns. Kollege H, der mich begleitet hatte, gab mir zu verstehen, dass es für ihn sehr wichtig sei, sofort eine Person des Vertrauens hinzuzuziehen, wie z. B. einen Pfarrer, oder nach der Mitteilung

dafür zu sorgen, dass sich eine Vertrauensperson um den Trauernden kümmere, was in diesem Fall die Kinder der Frau waren.
Alle acht befragten Kollegen wiesen darauf hin, wie wichtig es sei, dass man sich vor der Übermittlung ausreichend zum Sachverhalt informiere. Nur durch eine genaue Schilderung des Ereignisses könne der Empfänger die Nachricht akzeptieren. Angehörige würden sehr viele Fragen stellen, um das Gehörte zu begreifen. Diese Fragen müssten wahrheitsgemäß und umfassend beantwortet werden und dürften nicht offen im Raum stehen gelassen werden, da dies die Trauernden sonst unnötig belaste.
Wichtig sei auch, eine Visitenkarte zu hinterlassen, da die Hinterbliebenen oft nicht mehr wüssten, mit wem sie gesprochen haben. Sie vergäßen in dieser Situation auch teilweise das Gehörte, so dass es nach der eigentlichen Realisierung zu Rückfragen käme.

3.5.1.2 Polizeiinterner Umgang mit dem Thema

Ein Vorgesetzter hat die Aufgabe, seine Mitarbeiter zu führen, ihnen in schwierigen Situationen zur Seite zu stehen und ihnen bei Problemen zu helfen. Um zu erfahren, wie die Kollegen die Verfahrensweise ihres Vorgesetzten und das Verhalten ihrer Kollegen zu diesem Thema empfinden, habe ich im Interview eine Frage dazu gestellt.[47]
Für die Kollegen A, B und H stellt das Überbringen einer Todesnachricht keine berufliche oder seelische Belastung dar. Es gehöre für sie zu ihrer normalen Arbeit, wie jede andere Aufgabe auch. Dennoch empfindet es die Kollegin B als wohltuend, dass man sich in ihrem Kollegenkreis in gewissen Abständen zusammensetzt und über solche Ereignisse spricht. Es würden dadurch, so B, Erfahrungen ausgetauscht und man lerne dazu. Da unter den beteiligten Mitarbeitern viel Verständnis bestehe, habe sie die Möglichkeit, sich auch wirklich zu „öffnen". Diese Art des Umganges mit diesem Thema werde durch ihren Vorgesetzten gefördert.
Die anderen fünf Kollegen empfinden die Aufgabe des Überbringens einer Todesnachricht als psychische Belastung. Wobei die Intensität von dem jeweiligen Umstand des Sachverhaltes abhänge. Daher empfänden sie es als angenehm, wenn sie durch ihren Vorgesetzten oder ihre Kollegen Unterstützung bekämen. Diese könne in einer guten Vorbereitung (z. B. Absprache zur Vorgehensweise) oder aber auch einer entsprechenden Nachbereitung bestehen. Die Praxis zeige leider allerdings immer wieder, dass ein vertrauliches Gespräch mit dem Vorgesetzten oder im Kollegenkreis nicht sonderlich von Vorgesetzten gefördert werde. Es stelle daher auch eher eine Seltenheit dar. Von den fünf Befragten erfuhr nur Kollege G eine angemessene Nachbereitung durch ein unmittelbar an die Todesnachricht anschließendes Gespräch mit seinem Vorgesetzten.

[47] Siehe dazu 9.1, Frage 7.

Erschreckend war die Feststellung des Kollegen F, dass er noch nie Unterstützung von seinem Vorgesetzten für diese Aufgabe erfahren habe. Er bereite sich stets selbst auf solch einen Auftrag vor und habe so seine Erfahrungen damit gesammelt. Eine Nachbereitung stellt für ihn eine Seltenheit dar.
Kollege C musste seine erste Todesnachricht allein überbringen. Obwohl er zu dieser Thematik sehr wenig geschult sei, habe er keine Vorbereitung auf diese Aufgabe durch evtl. Hinweise oder Ratschläge erfahren. Man habe ihn sich selbst überlassen und somit „ins kalte Wasser geworfen".
Kollegin D gab an, dass sie es noch nie erlebt habe, dass ein Vorgesetzter oder ein Kollege zu ihr gekommen wäre und mit ihr über dieses Thema gesprochen hätte. Dies werde eher verdrängt. Kollege E finde es jedoch sehr wichtig, anschließend die Situation aufzuarbeiten. Denn der Auftrag sei erst vollständig erfüllt, wenn man auch mit dieser Situation umgehen könne und selbst keine Leiden davon trüge. Daher suche er das Gespräch zu seinem Kollegen, um gemeinsam das Geschehene aufarbeiten und verarbeiten zu können. Hierbei sei das Verständnis seitens der Kollegen unabdingbare Voraussetzung. Dies sei nicht immer gegeben. Man sähe es daran, dass ein Polizeibeamter, welcher über die Situation nachdenkt und den Wunsch eines Gespräches äußert, von manchen Kollegen als „Schwächling" oder als „Weichei" betrachtet werde. Dadurch könne es passieren, dass sich Kollegen zurückziehen, um nicht als „schwach" zu gelten.[48]

3.5.1.3 Auswirkungen auf das Privatleben

Um diese Frage beantworten zu können, habe ich die acht Kollegen gefragt, wie sie mit dieser Problematik in ihrem Privatleben umgehen.[49]
Ich erwartete aufgrund meiner eigenen Haltung, dass es bei den Kollegen üblich sei, sich mit ihrem Lebenspartner oder ihrer -partnerin über solche Ereignisse zu unterhalten. Dennoch kam es zu recht unterschiedlichen Antworten.
Kollege E, für den diese Aufgabe eine psychische Belastung darstellt, weil er dadurch das Ende des menschlichen Lebens vor Augen gebracht bekäme, nutzt das Gespräch mit seiner Lebenspartnerin für seine eigene Nachbereitung einer solchen Situation. Ihm täte es gut, wenn seine Partnerin ihm zuhöre und auf ihn eingehe.
Kollege G hingegen macht ein solches Gespräch abhängig von der jeweiligen Situation. Er versuche zunächst dienstliche Geschehnisse von seinem

---

[48] Vgl. hierzu Ley (1996), S. 264.
[49] Vgl. hierzu 9.1, Frage 8.

Privatleben fern zu halten. Belaste ihn jedoch das Ereignis so sehr, dass er merke, er werde selbst damit nicht fertig, rede er mit seiner Freundin darüber, um so das Erlebte aufzuarbeiten.
Auf die Kollegen C und D wirkten das Zuhören des Lebenspartners und das Zeigen von Verständnis beruhigend. Dies helfe ihnen, das Geschehene für sich selbst zu verarbeiten.
Wie bereits ausgeführt, erfährt Kollegin B an ihrer Arbeitsstelle ausreichend Nachbereitung für solch ein Ereignis, so dass sie das Erlebte am Arbeitsplatz zurücklassen kann und ihr Privatleben entlastet ist.
Obwohl das Überbringen einer Todesnachricht für Kollegen A nach seinen Angaben keine berufliche und psychische Belastung darstellt, empfindet er dennoch solch eine Situation immer wieder als ein Stück „Selbsterkenntnis". Er sammle dadurch neue Erfahrungen für sein eigenes Leben, was ihm Impulse gebe, dieses lebenswerter zu gestalten oder an bestimmte Dinge zu glauben. Dabei erhalte er Unterstützung durch seine Familie.
Die Kollegen F und H betrachten das Überbringen einer Todesnachricht nur als Teil ihrer Arbeit. Daher würden sie im Nachhinein auch nicht über das Geschehene nachdenken. Nachdem die Aufgabe erfüllt sei, werde für sie die Sache abgehakt und spiele somit im privaten Bereich keine Rolle mehr.
Nachdem ich selbst über die von mir überbrachte Todesnachricht nachgedacht hatte, konnte ich das Erlebte durch ein Gespräch mit meinem Lebenspartner aufarbeiten. Ich habe dadurch gelernt, mit dieser Sache umzugehen. Ich denke zwar hin und wieder an diese Familie und was ich dort erlebt habe, aber es belastet mich nicht mehr.

3.5.2 Reaktionsweisen der Empfänger von Todesnachrichten

Um die Reaktionen der Angehörigen auf die Überbringung der Todesnachricht durch Polizeibeamte zu erfahren, stellte ich allen Gesprächspartnern die Frage, wie sich die Empfänger verhalten haben.[50] Diese Frage wurde mir sehr unterschiedlich beantwortet. Es wurden Reaktionen wie völlige Fassungslosigkeit, Betroffenheit, Verzweiflung, Bestürzung, Hilflosigkeit, leises bis bitterliches Weinen, Schreien, Schockzustände und irrationales Handeln genannt. Viele betroffene Personen führen belanglose Handlungen aus und stellen völlig zusammenhanglose Fragen. Sie befinden sich in einem Schockzustand, wo rationales Denken oder Handeln nicht möglich ist. Aber auch Hass, Wut, Schuldgefühle und Selbstvorwürfe wurden durch die Kollegen wahrgenommen. Dies zeigte sich insbesondere bei der Familie, die ihre Tochter anfangs vermisst hatte, welche dann tot aufgefunden wur-

[50] Vgl. hierzu 9.1, Frage 2.

de. Die Mutter machte sich ständig Vorwürfe, warum sie ihre Tochter zu dem Treffen im Wald nicht begleitet habe. Sie dachte, sie hätte den Tod der Tochter verhindern können.
Als Reaktionen wurden aber auch Regungslosigkeit, Nüchternheit, ja sogar Erleichterung genannt. Kollegin D schilderte mir, dass die Mutter, welche vom Tod ihres Sohnes erfuhr, keine Reaktionen zeigte. Sie habe es hingenommen und keine weitere Anwesenheit der Polizei gewünscht. Kollegin B machte die Erfahrung, dass die Mutter der Verstorbenen es einfach nicht verstanden habe, dass ihr Mann, der über die Nachricht sehr betroffen war, sich hinsetzte und weinte. Sie habe ihn beschimpft und in diesem Moment nur über völlig belanglose Dinge geredet. Offensichtlich konnte sie weder die eigene Trauer noch die des Mannes zulassen. Ich selber habe die Erfahrung gemacht, wie Angehörige völlig betroffen vor mir saßen und das Geschehene nicht glauben wollten. Körper, Geist und Seele rebellierten regelrecht. Eine Person lief ständig hin und her und raufte sich so stark die Haare, dass es aussah, sie würde sie sich aus Verzweiflung herausreißen. Kollege F wurde durch einen Angehörigen in dieser Situation körperlich angegriffen, so dass er Gewalt einsetzen musste, um sich vor dem Angriff zu schützen.
Wie die Kollegen in den Interviews immer wieder feststellten, können die Reaktionen sehr unterschiedlich sein. Jeder Mensch ist anders und reagiert dem zufolge auch anders. Vom Kollaps bis zur (scheinbar) gefassten Aufnahme der Botschaft sind alle Reaktionen möglich.

4. Bewertung der Handlungsweise von Polizeibeamten bei der Überbringung von Todesnachrichten aus Sicht der von der Todesnachricht Betroffenen

4.1 Methodische Vorbemerkung

Wie wirkt die Überbringung der Todesnachricht auf die Betroffenen? Fühlen sich diese durch die Überbringer angemessen behandelt oder wünschen sie sich eine andere Art und Weise der Übermittlung?
Diese bisher in der empirischen Polizeiforschung in Thüringen nicht untersuchte Fragestellung wurde durch die Befragung von Betroffenen angegangen. Um Zugang zu betroffenen Personen zu erhalten, was sich praktisch als keineswegs leichtes Unterfangen darstellte, suchte ich zunächst den Geschäftsführer der Krisenintervention und Notfallseelsorge in Meiningen auf, da ich annahm, dass er über Daten verfügt, die für meine Untersuchung relevant sind. Von ihm erfuhr ich, dass Todesnachrichten in vielen Fällen von der Polizei in Zusammenarbeit mit seinen Mitarbeitern überbracht werden. Im Jahr 2001 machte dies 30 % aller Einsätze der Krisenintervention aus. Da alle Einsätze dieser Organisation dokumentiert werden, ist eine Ermittlung von Empfängern einer Todesnachricht durch die Polizei möglich. Entscheidend ist jedoch, den richtigen Weg zu finden, um erneut an diese Leute heran treten zu können. Der Geschäftsführer nahm mit verschiedenen Pfarrern, in deren Gemeinde ein Betroffener wohnte, Kontakt auf. Seine Absicht war es, über die Pfarrer Kontakt zu Betroffenen herzustellen. Doch dies gestaltete sich schwieriger als gedacht. Diese waren, mit Verweis auf ihre Schweigepflicht, äußerst zurückhaltend und verschlossen.[51]
Ich musste also einen anderen Weg finden, um gesprächsbereite Empfänger einer Todesnachricht zu finden. Leicht wäre es gewesen, im polizeilichen Datenbestand zu forschen und anschließend die Betroffenen aufzusuchen. Doch ist dies nicht ohne weiteres möglich, da die Daten hier zu einem anderen Zweck verwendet werden sollen, als zu welchem sie erhoben worden sind. Gemäß des Thüringer Datenschutzgesetzes ist es jedoch gestattet, dass erhobene Daten unter anderem zu Forschungszwecken genutzt werden können. Die Genehmigung des Thüringer Innenministeriums, zum Zwecke meiner wissenschaftlichen Forschungsarbeit im polizeilichen Datenbestand zu recherchieren, verschaffte mir schließlich den Zugang zu Betroffenen. Ich schrieb insgesamt 14 Personen an, denen eine Todesnachricht durch die

[51] Diese Angaben wurden Gesprächen mit dem Geschäftsführer der Krisenintervention und Notfallseelsorge Meiningen entnommen.

Polizei übermittelt worden war. Davon erklärten sich drei Personen bereit, mit mir hierüber zu sprechen.
Zwischenzeitlich hatte ich dem Landespolizeipfarrer geschildert, wie schwierig es ist, gesprächsbereite Empfänger einer Todesnachricht zu finden. Er vermittelte mir daraufhin zusätzlich die Verbindung zu einer Frau, welcher von Polizeibeamten der Tod ihres Sohnes mitgeteilt worden war. Sie war sofort zu einem Gespräch bereit, da es für sie, nach eigener Aussage, eine Entlastung darstellte, jemandem, der ihr auch wirklich „zuhört", von der Art und Weise, wie ihr die Nachricht vom Tod ihres Sohnes mitgeteilt wurde, zu erzählen.
Die Empfänger schilderten mir, wie ihnen die Todesnachricht durch die Polizei überbracht worden war und welche Empfindungen und Wünsche sie dabei hatten. Während der Erzählungen durch die betroffenen Personen wurden die Fragen[52], die im Anhang ersichtlich sind und die Bedeutung für meine Untersuchung hatten, z. T. zwangsläufig beantwortet.

4.2 Zwei Fallbeispiele

Nachdem ich zuvor versucht habe, die Vorgehensweise und das eigene Empfinden von Polizeibeamten bei der Überbringung einer Todesnachricht darzustellen, möchte ich nun anhand zweier exemplarisch ausgewählter Fälle darlegen, wie die Empfänger die Verhaltensweise der Überbringer empfanden und ob sie sich eine andere Art und Weise gewünscht hätten.

4.2.1 Fall 1:

Auch nach sechs Jahren kann sich die Mutter eines durch einen Verkehrsunfall zu Tode gekommenen Jugendlichen noch sehr gut an die Überbringung der Todesnachricht von der Polizei erinnern. Es sei damals im Mai gewesen, als sie im Garten gewesen sei und ein großer Polizeiwagen vor ihrem Haus gehalten habe. Anschließend seien drei ältere Polizeibeamte aus dem Fahrzeug gestiegen. Sie sei ihnen sofort entgegen gelaufen und habe gefragt, ob ihr Sohn verunglückt sei, da sie sich anders das Erscheinen der Polizei nicht erklären konnte. Noch auf der Straße habe einer der Polizisten zu ihr gesagt, „nein, nein, schlimmer" und das Wort „tot" wurde erwähnt, worauf sie sofort los geschrieen habe. Alle Nachbarn, die im Garten waren, seien Zeuge ihrer Reaktion auf diese Nachricht geworden. In diesem Moment habe sie sich so gefühlt, als wenn „der Vorhang runter geht und nie wieder auf". Die Polizisten hätten sie anschließend ins Haus geführt, wo sie sich auf einen Stuhl in der Küche gesetzt habe. Obwohl sie

[52] Vgl. 9.2.

mit ihrem Kopf unaufhörlich gegen die Wand stieß, hätten die Polizisten nichts unternommen, um dies zu unterbinden. Im Gegenteil, einer habe sich vor sie hingestellt und die Mitteilung mit den Worten „Das sind die Fakten..." eingeleitet, bevor er ihr - ohne hierbei viel Einfühlungsvermögen zu zeigen - gesagt habe, dass ihr Sohn als Beifahrer bei einem Verkehrsunfall ums Leben gekommen sei. Außerdem seien noch zwei weitere Personen, die sich in dem Fahrzeug befunden hätten, verstorben. Ihre Fragen hätten die Polizisten nicht ausreichend beantworten können, da ihnen die nötigen Informationen fehlten. Sie fragten nur noch, ob sie einen Arzt wünsche, bevor sie wieder „abgezischt" seien.
Für die Frau sei alles zu schnell gegangen. In dem Gespräch sagte sie, dass die Todesnachricht übermittelt worden sei wie die „Wasserstandsmeldung der Elbe". Sie war sehr aufgeregt und teilweise standen ihr noch beim Berichten die Tränen in den Augen. Sie holte öfter tief Luft und versuchte dadurch, gefasst zu bleiben, zeitweise schwieg sie kurz. Dreimal wiederholte sie, dass ihr auf der Straße das Wort „tot" gesagt wurde. Was zeigt, dass sie diese Szene auf der Straße noch heute sehr beschäftigt und Unverständnis bei ihr hervorruft. Sie fand die Vorgehensweise der Polizeibeamten der Situation nicht angemessen. Im Gespräch machte sie deutlich, worauf sie Wert bei der Übermittlung der Todesnachricht gelegt hätte. Zum einen wäre es ihr lieber gewesen, die Nachricht im Haus zu erfahren, denn hier hätte sie sich setzen können und die Nachbarn wären nicht Zeuge geworden, als sie die Fassung verlor und los geschrieen habe. Zum anderen hätte sie es als angenehmer empfunden, wenn man sie langsam und behutsam auf diese Nachricht vorbereitet hätte. Natürlich wollte sie eine klare, verbindliche Antwort auf ihre Frage, aber dies hätte ihrer Ansicht nach in einfühlsameren Worten und mit etwas mehr Sensibilität für ihre Situation zum Ausdruck gebracht werden können. Sie habe sich von den Polizeibeamten allein gelassen gefühlt, da diese so schnell wieder gefahren seien, obwohl sie noch so viele Fragen gehabt hätte. Fragen, die für sie bis heute noch nicht beantwortet sind und sie immer aufs Neue zum Nachdenken zwingen. Ein kleiner Trost wäre es für sie gewesen, wenn die Beamten wenigstens bemüht gewesen wären, die Fragen zu klären. Aber auch dahin gehend sei nichts unternommen worden. Man habe sie nicht in den Arm genommen, dass sie hätte weinen können, was sie in diesem Moment so sehr gebraucht hätte, um aus sich heraus zu gehen. Es sei ihr alles so „kaltherzig" erschienen, da keinerlei Emotion oder Gefühl von Seiten der Polizei gezeigt worden war. Für sie wäre die Anwesenheit einer Polizistin wichtig gewesen. Mit ihr hätte sie sich, nachdem ihre Kollegen gegangen wären, von Frau zu Frau unterhalten können, denn sie glaube, eine Frau hätte ihre „mütterlichen Gefühle" verstehen können. Für sie sei es schmerzhaft gewesen, dass nicht einer der Polizisten sie nach ihrem Sohn gefragt habe. Dabei hätte sie in dieser Situation so viel über ihn erzählen wollen. Sie hätte gerne die

Möglichkeit wahrgenommen, Abschied von ihrem Kind zu nehmen. Sie habe ihn noch einmal sehen, mit ihm reden, ihn streicheln und küssen wollen - ein letztes Mal. Doch man habe sie nur vertröstet mit den Worten, sie solle ihn so in Erinnerung behalten, wie sie ihn gekannt habe. Dabei wäre es ihr egal gewesen, wie er ausgesehen hätte - und „wenn er in drei Teilen gewesen wäre, es ist mein Kind und ich wollte es sehen, spüren und anfassen, es ist meins". Sie habe die Verletzungen nicht nur geschildert haben wollen, sie habe ihren Sohn sehen wollen, um die Gewissheit zu haben, dass er tot ist. Lange habe sie unter Schlafstörungen gelitten und nur ca. 2 Stunden abschalten können, wenn sie Alkohol zu sich genommen hätte.
Ich möchte hier noch etwas weiter ausführen, um die Folgen dieser aus der Sicht der Betroffenen gescheiterten, die Traumatisierung (durch den Verlust des Sohnes) noch verstärkenden Übermittlung näher zu verdeutlichen. Da man die Frau mit allem allein ließ, setzte sie sich in ihr Fahrzeug und fuhr zur Schwiegermutter, um ihr die schreckliche Nachricht mitzuteilen. Auf diesem Weg hatte die Frau die Absicht, sich das Leben zu nehmen. Doch im letzten Augenblick habe sie an ihren zweiten Sohn gedacht, den sie nicht alleine haben lassen wollen, daher habe sie sich besonnen. Nach vier Tagen habe man ihr endlich mitgeteilt, dass ihr Sohn vielleicht der Fahrer des verunfallten Fahrzeuges gewesen sei. Doch man habe nicht ihr das Bild gezeigt, auf dem der Oberarm des Beifahrers zu sehen gewesen sei, sondern ihrem Lebensgefährten. Dieser habe gegenüber der Polizei angegeben, dass der auf dem Bild sichtbare Arm nicht der Arm ihres Sohnes sein könne, da dieser viel zu dünn sei. Aufgrund der Aussage des Lebensgefährten habe die Polizei ihre Feststellung, dass ihr Sohn der Beifahrer gewesen sei, revidiert. Die Polizei schloss daraus, dass er dann der Fahrer gewesen sein müsse.
Kurzum: bis heute wisse sie nicht, wer wirklich gefahren sei. Diese Frage sei bis heute nicht geklärt. Sie verstehe nicht, warum eine Obduktion von der Staatsanwaltschaft abgelehnt wurde, denn damit hätte man gesicherte Hinweise erhalten, wer gefahren sei. Da man ihr das persönliche Abschiednehmen verwehrte, glaube sie, die Polizei wolle etwas vertuschen. Für sie sei es unvorstellbar, wie die Polizei bei der Aufnahme eines Verkehrsunfalls mit tödlichem Ausgang für drei Personen „so schlampen" könne und erst vier Tage nach dem Unfall - anhand eines Bildes und der Aussage ihres Lebensgefährten - feststelle, dass ihr Sohn nicht der Beifahrer, sondern der Fahrer des Fahrzeuges gewesen sein müsse. Sie habe daher selbst Kontakt zu einem der verunfallten Insassen des Fahrzeugs (dem vierten Jungen im Fahrzeug), der den Unfall überlebt habe, aufgenommen, um die Antwort auf die Frage, wer gefahren sei, zu bekommen. Doch dieser habe kein Gespräch mit ihr gewünscht. Auch die Aufbahrung ihres Sohnes zur Trauerfeier hinter einer Glasscheibe habe für sie keine „Verwirklichung des Todes" dargestellt. Dies wurde mir durch ihre Worte - „das war nicht mein

Sohn, der da lag, denn er war geschminkt und sah so anders aus" - deutlich. Sie habe versucht, den Tod ihres Sohnes zu verarbeiten, indem sie an anderen Beerdigungen von jungen Menschen teilgenommen habe.[53] Außerdem habe sie Kontakt zu den Eltern der beiden anderen tödlich verunglückten Jungen aufgenommen. Doch bis heute habe sie den Tod ihres Sohnes nicht verarbeiten können. Fraglich sei, ob dies je geschehen werde. Immer, wenn sie solch einen großen Polizeiwagen sehe, bekomme sie Angst. Sie verbinde noch heute schlechte Nachrichten mit diesem Fahrzeug[54], was im Satz „Damals wusste ich noch nicht, wenn die Polizei mit so einem Kastenwagen kommt, dann haben sie eine schlechte Nachricht" zum Ausdruck kommt.
Im Anschluss an das Gespräch wies mich die Frau noch darauf hin, dass sie kurz vor der Unfallzeit den Stecker vom Radio gezogen und dabei ein tiefes Schlucken gehabt habe. Zu diesem Zeitpunkt habe sie sich nichts dabei gedacht. Heute wisse sie, dies für sich zu deuten.

4.2.2 Fall 2

Kontrastieren möchte ich den obigen Fall mit dem der Tochter eines verstorbenen Mannes, die eine völlig andere – für sie behutsame - Vorgehensweise der Polizeibeamten bei der Überbringung der Todesnachricht erfuhr.
Die Tochter erzählte, sie habe im ständigen Kontakt mit der Polizei gestanden, teilweise telefonisch, aber auch persönlich, da ihr Vater vermisst wurde. Als er im Rahmen der Suchmaßnahmen gefunden wurde, habe man sie telefonisch nach Hause gebeten. Zu diesem Zeitpunkt habe sie noch nicht gewusst, dass der Vater gefunden worden sei. Als sie dann zu Hause angekommen sei, sei wenig später auch die Polizei eingetroffen. Die Beamten seien ihr aufgrund des Vorkontaktes schon bekannt gewesen. In dem Gespräch machte sie deutlich, dass sie schon eine Vorahnung gehabt habe, da sie die Hoffnung aufgegeben hatte, dass der Vater nach neun Tagen noch lebe, denn er sei schon 87 Jahre alt und körperlich sehr geschwächt gewesen. Durch einen Polizeibeamten sei ihrer Mutter und ihr der Tod des Vaters „sehr behutsam" mitgeteilt worden. Natürlich sei es für sie ein Schock gewesen, aber irgendwo auch Erleichterung, da man ihren Vater gefunden

---

[53] Anhand dieser Handlungsweise kann man den tiefen seelischen Bruch der Frau erkennen. Dies zeigt, wie wichtig es ist, auch die Wirkung auf die Empfänger der Nachricht zu untersuchen.
[54] Ein deutlicher Hinweis auf eine Angst-Konditionierung.

hatte. Das ständige Gefühl nicht zu wissen, wo er sei und ob er leiden müsse, sei sehr belastend gewesen. Sie habe es als angenehm empfunden, als ihr von der Polizei mit Hilfe einer Landkarte genau geschildert wurde, wo man den Vater gefunden habe. Beruhigend sei für sie auch gewesen, als man ihr sagte, dass der Vater keinem Verbrechen zum Opfer gefallen sei und er genau so aufgefunden wurde, wie er sich wahrscheinlich vor Erschöpfung selbst hingelegt hätte. Aufgrund seines Zustandes sei man von Seiten der Polizei davon ausgegangen, dass er nicht lange habe leiden müssen. Auch diese Information habe sie in dieser Situation als sehr beruhigend empfunden. Von der Polizei sei das gewünschte Bestattungsinstitut verständigt worden, so dass die ersten formalen Schritte nicht durch sie selbst hätten eingeleitet werden müssen. Dies habe ihr zum einen Zeit gegeben, das Geschehene zu begreifen, zum anderen sei ihr damit eine Last abgenommen worden. Dankbar sei sie auch für den Hinweis gewesen, besser nicht persönlich vom Vater Abschied zu nehmen, da dies aufgrund seines Zustandes für sie sehr unangenehm werden könne. Es habe ihr gut getan, so umfassend und detailliert über alles informiert worden zu sein. Dadurch seien keine Fragen offen im Raum stehen geblieben und sie habe ihren Trauerprozess beginnen können. Die Frau habe die Überbringung der Todesnachricht als angemessen empfunden. Anders habe sie es sich in dieser Situation nicht vorstellen können. Sie sei mit dem Auftreten der Polizeibeamten „sehr zufrieden“ gewesen, denn man habe alles unternommen, um den vermissten Vater zu finden und anschließend habe man in sehr behutsamer Weise die Nachricht mitgeteilt.

5. Ergebnis der Untersuchungen

5.1 Aus der Sicht der Polizeipraxis

Sowohl bei der PI und auch bei der KPI in Gotha entscheidet der Zufall, wer eine Todesnachricht überbringt. Wie ich aus dem Polizeialltag weiß, überbringen meist die Kollegen, die unmittelbar mit dem Sachverhalt zu tun haben, auch die Todesnachricht. Manchmal erfüllt diese Aufgabe auch der DGL mit einer Kollegin, welche gerade keinen anderen Auftrag zu erfüllen hat. Durch diese Handlungsweise kann es dazu kommen, dass Polizeibeamte die Todesnachricht überbringen, welche in dieser Aufgabe wenig oder gar nicht geschult worden sind oder noch keinerlei Erfahrung auf diesem Gebiet haben. Wie die Praxis zeigt, können viele Beamte nur von einer fundierten Rechtsausbildung profitieren, so dass sie bei Konfrontation mit dieser außergewöhnlichen Aufgabe Situationen gegenüber stehen, auf deren Bewältigung sie nicht vorbereitet sind. Dieser Umstand bewirkt massiven Stress, welcher dann zu einer erheblichen Verhaltensunsicherheit führt.[55] Der Überbringer hat Angst, in dieser Situation falsch zu handeln.
Überlässt man dem Zufall, wer die Todesnachricht überbringt, so kann es Kollegen treffen, die zu diesem Zeitpunkt persönlich und emotional nicht dazu nicht in der Lage sind.[56] Doch gerade die innere Einstellung des Übermittlers bestimmt, wie das Überbringen der Todesnachricht letztendlich verläuft, denn Sensibilität und Empathie spielen beim Überbringen einer Todesnachricht eine sehr große Rolle. Folglich muss der Überbringer eine hohe persönliche und soziale Kompetenz im Interaktionsprozess mit dem Empfänger aufbringen.
Auch die zeitliche Komponente darf nicht unbeachtet gelassen werden.[57] Müssen z. B. die Kollegen zunächst einen Unfall aufnehmen und danach erst den Empfänger der Nachricht ermitteln, bevor sie die Todesnachricht überbringen, entsteht ein großer Zeitverzug. Zu diesem Zeitpunkt kann es schon zu spät sein, da der Empfänger die Nachricht vielleicht über Dritte erfahren hat.
Wie der Vergleich zur Kreispolizeibehörde Kleve gezeigt hat, wird dort nach einem festgelegten Ablaufschema verfahren. Die Polizeibeamten und auch der Pfarrer, welche für den Einsatzabschnitt „Benachrichtigung, Opferschutz und Opferhilfe" in Bereitschaft sind, wissen, dass sie jederzeit

[55] Vgl. Huber (1996), S. 33 f.
[56] Siehe dazu unter 3.1.
[57] Siehe dazu unter 3.2.

den Auftrag erhalten können, eine Todesnachricht zu übermitteln. Sie sind somit darauf eingestellt. So kann es nicht passieren, dass willkürlich oder zufällig Kollegen zu dieser Aufgabe bestimmt werden. Aufgrund dieser abgestimmten Organisation kann ein koordiniertes Übermitteln einer Todesnachricht gewährleistet werden. Anhand ihrer gemeinsamen Aus- und Fortbildung ist ihnen zudem diese Thematik nicht unbekannt und daher fühlen sie sich dieser Aufgabe gewachsen.
Es ist zu überlegen, wie die Verfahrensweise in der PI und der KPI in Gotha bestmöglich verändert werden kann, damit oben genannte Probleme erst gar nicht auftreten.
Ein Ansatz wäre es, dass das Überbringen einer Todesnachricht prinzipiell Führungsaufgabe ist und entsprechend verfahren wird, so wie es der befragte DGL geschildert hat. Jedoch dürfte dabei der Partner der Überbringung nicht willkürlich ausgewählt werden.
Eine andere Möglichkeit wäre, diese Thematik in der Ausbildung vertieft anzusprechen und Kollegen in der Praxis, die sich mit dieser Problematik intensiver beschäftigen wollen, dahin gehend fortzubilden. In diesem Fall könnte man sich bei der Auswahl des Überbringers auf die entsprechenden Kollegen beschränken. Ein weiterer Vorteil wäre: je größer der speziell ausgebildete Personenkreis ist, umso leichter kann man einen Überbringer finden, welcher sich im konkreten Fall dazu in der Lage fühlt.
Denkbar wäre auch, wie in Kleve einen Bereitschaftsdienst qualifizierter Mitarbeiter für das Überbringen einer Todesnachricht einzurichten.
Die Auswertung der empirischen Befragung ergab, dass das Überbringen einer Todesnachricht für den Überbringer eine schwierige, belastende und unangenehme Aufgabe darstellt. Einige Kollegen empfinden die Schwierigkeit nur während der gegebenen Situation, aber für andere geht sie über diese hinaus. Jedoch sind alle bemüht, diese Aufgabe bestmöglich zu erfüllen. Jeder der acht geschilderten Sachverhalte hat seine eigene Fallstruktur, so dass keine Situation mit einer anderen vergleichbar ist. Ein völlig routiniertes Vorgehen ist damit nicht möglich, da so nicht auf die fallspezifischen Eigenheiten eingegangen werden kann.
Trotz der für die Überbringung einer Todesnachricht nötigen Empathie sollte sich der Polizeibeamte nicht so stark mit der Situation identifizieren, dass er handlungsunfähig wird und dadurch keine Hilfe mehr leisten kann, sondern selbst Hilfe benötigt.
Dies verlangt eine professionelle Distanz, ohne die ein effizientes Arbeiten gar nicht möglich wäre[58], was aber nicht heißt, dass der Polizeibeamte als Überbringer der Todesnachricht kaltherzig oder bürokratisch auftreten soll,

[58] Vgl. Huber (1996), S. 34.

sondern ein der Situation angemessenes Handeln durch Austarieren der empathischen Anforderungen und der nötigen Distanz aufweist.
Der Beamte muss

- schnelle Entscheidungen mit weit reichenden Konsequenzen treffen können,
- eine hohe Frustrations- und Toleranzgrenze haben und
- mit eigenen und fremden Aggressionen im Konfliktfall umgehen können.[59]

Um diese unvorhergesehene Situation - die das Überbringen einer Todesnachricht durchaus darstellt – zu beherrschen, muss er zudem emotional stabil sein[60]. Das macht eine mentale Vorbereitung erforderlich und ist Voraussetzung für eine professionelle Aufgabenbewältigung, auch wenn man nicht alle Eventualitäten vorhersehen kann.
Der Überbringer einer Todesnachricht muss zudem im Vorfeld klären, wer zum engen und vertrauten Umfeld des Verstorbenen gehört und somit eigentlicher Adressat der Nachricht ist. Weiter muss er die familiären Umstände prüfen, um weitere Maßnahmen, wie die Vorinformation an einen Arzt oder Pfarrer oder dessen Hinzuziehung, einleiten zu können. Es müssen möglichst alle nötigen Informationen über den Sachverhalt, eingeleitete Maßnahmen und den Verstorbenen eingeholt werden, um die Fragen der Angehörigen umfassend beantworten und deren Wünsche (z. B. persönlich Abschied nehmen) erfüllen zu können.
Die Todesnachricht sollte zeitnah überbracht werden, um eine Mitteilung durch Dritte zu verhindern. Zeitnähe ist jedoch kein Grund, die Nachricht allein zu übermitteln, sondern es sollte ein Partner dabei sein, mit dem man sich versteht und mit dem man die Situation anschließend nacharbeiten kann. Wichtig ist, dass beide sich absprechen, wie sie vorgehen wollen. U. a. sollte auch geprüft werden, ob die Möglichkeit besteht, dass die Überbringer in Zivilkleidung zum Empfänger gehen, um nicht gleich anfangs eine Schocksituation hervor zu rufen. Da man nicht weiß, was einen erwartet, sollte man ein Funkgerät oder Handy bei sich tragen. Dies dient zum eigenen Schutz (Eigensicherung) und bietet gleichfalls die Möglichkeit, möglichst schnell Hilfe zu holen (wenn beispielsweise die Empfänger der Nachricht kein Telefon haben oder aber die Leitung defekt ist). Der Polizeibeamte kann nicht wissen, wie der Empfänger der Nachricht reagieren wird. Die Ungewissheit dessen, was einen erwarten wird, ist das eigentlich Belastende an dieser schwierigen Aufgabe. Doch sie öffnet im positiven

[59] Vgl. Ludwig (1996), S. 224.
[60] Ebd.

Fall auch die Sinne für die gesendeten Signale des Empfängers und lässt den Überbringer der Todesnachricht menschlich erscheinen[61].
Einfühlungsvermögen und Sensibilität sind wichtige Voraussetzungen für diese Aufgabe. Nur wenn der Überbringer diese Fähigkeiten besitzt, kann er aus der Situation heraus richtig handeln. Ist der Polizeibeamte mithin bereit, offenen Herzens und mit verletzbarer Seele für die Angehörigen da zu sein, so wie sie es in dieser Situation brauchen[62], wird er die Situation erfassen und angemessen bewältigen. Er muss wissen, dass er durch diese Nachricht das Leben der Empfänger grundlegend verändern wird, egal in welche Richtung. Daher ist es wichtig, nachdem er sich mit Namen und Dienststelle vorgestellt hat, eine angemessene Atmosphäre - d. h. in einem für den Empfänger gewohnten Umfeld und sitzend - für die Übermittlung zu schaffen. Anschließend ist der Empfänger durch einleitende Worte (z. B. "Ich habe keine gute Nachricht für Sie") auf die Nachricht vorzubereiten, bevor man diese in geeigneter Wortwahl, ruhigem Ton und sachlich überbringt. Das bedeutet, dass man den Verstorbenen persönlich benennt und Worte wie „Leichnam" und „Sektion" vermeidet. Man sollte dabei aber nicht lange drum herum reden, da dies nur falsche Hoffnungen erwecken könnte.
Bei der eigentlichen Übermittlung gibt man dem Empfänger psychische Unterstützung, wenn man ihm in die Augen schaut, dabei die Hand hält und ihn anschließend in den Arm nimmt, wenn er dies wünscht. Danach sollte man dem Empfänger der Nachricht Zeit lassen, um das Gehörte zu realisieren, bevor man ihm durch ein Gespräch Gelegenheit zum Reden gibt. Er hat so die Möglichkeit, über die verstorbene Person zu sprechen, und die Polizei gelangt auf diese Weise zu den erforderlichen bürokratischen Informationen für ihre Unterlagen. Dem Empfänger ist die Todesursache zu erläutern, um für ihn die Situation verständlicher erscheinen zu lassen.
Man sollte im Gespräch mit dem Betroffenen über die weitere Vorgehensweise der Polizei informieren, tröstende Worte geben und aufklären, welche Wege und Formalitäten auf ihn zukommen werden. Um den Empfänger jedoch nicht zusätzlich zu belasten, ist es in der Regel ratsam, einen späteren Termin für notwendige Formalitäten (z. B. Zeugenvernehmung) zu vereinbaren. Wichtig ist vor allem, den Hinterbliebenen zuzuhören. Um Wünsche - hier meine ich besonders das Abschiednehmen - der Angehörigen erfüllen zu können, muss man danach fragen. Bevor man den Empfänger wieder verlässt, ist es wichtig, ihn nicht allein zurück zu lassen. Man

---

[61] Vgl. Schäfer / Knubben (1992), S. 159.
[62] Vgl. Schäfer (o. J.), S. 48.

muss aufgrund der Fürsorge- und Kontrollpflicht dafür sorgen, dass eine Person des Vertrauens (z. B. Hausarzt, Pfarrer, Nachbar, Familienangehörige) bei dem Hinterbliebenen bleibt, die ihn unterstützt und Acht gibt, dass ihm nichts widerfährt. Eine Verständigung von Vertrauenspersonen oder nahen Verwandten stellt schon eine Entlastung für den Hinterbliebenen dar. In einer solchen Krise sind die Betroffenen auf die Unterstützung ihres sozialen Umfelds, also Angehörige, Freunde, Verwandte und Nachbarn angewiesen und darauf, dass Menschen auf sie zu gehen und eine Brücke schlagen, über die sie wieder zurück ins eigene Leben finden können[63]. Ein Ansprechpartner ist für eventuelle Nachfragen notwendig. Daher sollte der Polizeibeamte seine Visitenkarte hinterlassen.
Während der Überbringung muss der Polizeibeamte seine menschlichen Gefühle und die neutrale Sachverhaltsschilderung vereinen, denn hinter jedem Todesfall verbirgt sich ein persönliches Schicksal. Im ersten Moment und während des Einsatzes denkt man meist nicht über die verstorbene Person nach oder warum jemand sterben musste.[64] Damit Polizeibeamte mit solchen Situationen selbst umgehen können, ist es erforderlich, dass eine entsprechende Nachbereitung statt findet. Dazu kann zu einem Teil der Vorgesetzte beitragen, indem er für ein persönliches Gespräch zur Verfügung steht. Besser ist jedoch, wenn er dies im Kollegenkreis fördert. An ihm liegt es, eine Atmosphäre zu schaffen, in der die Kollegen füreinander da sind, denn er hat bei jeder sich bietenden Gelegenheit die rechte Einstellung seiner Mitarbeiter zu ihrem Beruf zu fördern und ihm obliegt in erster Linie die berufsethische Erziehung.[65] Wie ich aus der Befragung entnehmen konnte, wird dies in der Praxis aus den verschiedensten Gründen oft vernachlässigt. Nur in wenigen Dienststellen wird darauf geachtet. Man ist sich wahrscheinlich nicht bewusst, dass manchen Beamten ein Gefühl vermittelt wird, mit der Aufgabe allein gelassen zu werden.[66] Daher appelliere ich an die Vorgesetzten und an die Kollegen, bedachter mit den Überbringern einer Todesnachricht umzugehen und ein offenes und vertrauensvolles Klima im Kollegenkreis zu schaffen, was den regelmäßigen Austausch solcher Situationen unter den Kollegen fördert.[67] Dabei ist es sehr wichtig,

[63] Diese Angabe wurde dem Gespräch mit dem Opferschutzbeauftragten aus der Kreispolizeibehörde Kleve entnommen.
[64] Vgl. Zerr (1994), S. 27.
[65] Vgl. Schäfer (1991), S. 15.
[66] Vgl. Kreysler (1988), S. 5.
[67] Vgl. Gercke (1995), S. 33.

dass die Kollegen versuchen, sich in den betroffenen Polizeibeamten hinein zu versetzen. Unbedachte Äußerungen, indem ein Kollege, welcher sich die Situation zu Herzen genommen und vielleicht auch feuchte Augen bekommen hat, als „Schwächling" oder „Weichei" bezeichnet wird, sind hier unangebracht und zeugen nicht von großer sozialer bzw. emotionaler Intelligenz. Es ist aus meiner Sicht keine Schwäche, wenn man seine Gefühle in einer bestimmten Situation deutlich macht. Härte zu zeigen und dabei vielleicht noch unerfahrene Kollegen unangemessen mit der Thematik vertraut zu machen[68], ist fehl am Platz. Ein kollegialer, verständnisvoller und sensibler Umgang ist Voraussetzung für die Verarbeitung der erlebten Situation und die Einführung in diese Thematik. Den Polizeibeamten muss es möglich sein, Gefühle und Belastungen frei zu äußern, ohne Angst haben zu müssen, dass man als zu schwach für diesen Beruf angesehen wird.[69]
Auch der Lebenspartner nimmt für die Verarbeitung und Nachbereitung des Geschehenen eine wichtige Funktion ein. Einige Polizisten können Belastungen in einem Gespräch mit nahe stehenden Personen bewältigen. Daher sollte der Partner stets für den Betroffenen da sein und ihm zuhören.
Wird eine Situation als belastend empfunden und nicht verarbeitet, so können gesundheitliche (somatische und psychosomatische) Probleme auftreten. Aber auch familiäre und Partnerschaftsprobleme können nicht ausgeschlossen werden.[70] Anhand dieser genannten Folgen ist die Nachbereitung einer solchen Situation sicherlich sinnvoll.
Da es für die Vorgehensweise beim Überbringen einer Todesnachricht kein Patentrezept gibt und geben kann, müssen die Überbringer zu diesem Thema geschult werden, um nicht unvorbereitet damit konfrontiert zu werden. Es ist daher unumgänglich, dieses Thema in Aus- und Fortbildung intensiver zu behandeln, um anschließend ein der Situation angemessenes Verhalten gewährleisten zu können.

5.2 Aus Sicht der Empfänger der Todesnachrichten

Ich beziehe mich hierbei auf die im Abschnitt 4.2 dargestellten Situationen. Zunächst habe ich festgestellt, dass sich die zuvor geschilderten Todesnachrichten enorm voneinander unterscheiden. Auffällig ist, dass die Überbringung der Nachricht an die Mutter sehr starke Defizite aufweist. Durch die Art und Weise der Übermittlung war es ihr offensichtlich bis heute

[68] Vgl. Zerr (1994), S. 27.
[69] Vgl. Gercke (1995), S. 33.
[70] Die möglichen Folgen wurden den Soziologieunterlagen entnommen.

nicht möglich, den Tod ihres Sohnes zu verarbeiten. Für die Mutter ist der Tod bis heute noch nicht fassbar und begreifbar geworden und somit unwirklich geblieben. Das Ereignis ist für sie „nebulös". Ihre gesamte Lebensführung wurde durch das Geschehen tief greifend verändert. Der Verdacht einer nachhaltigen Traumatisierung durch die unangemessene Handlungsweise der Polizeibeamten liegt nahe.
Die Frau ist gequält von der Frage, welche Verletzungen zum Tod geführt haben, da sie sich nicht selbst davon überzeugen konnte, ob die Aussage der Polizei stimmte. Was zeigt, dass in diesem Fall die konkrete Konfrontation mit dem toten Angehörigen für die Anerkennung der Realität des Todes und für das Anstoßen der Verlustbewältigung im Trauerprozess bedeutsam gewesen wäre.
Auch wenn zu sehen ist, dass es in Fällen, in denen Tote so entstellt sind, dass die Konfrontation mit ihnen zu einer kaum zu verkraftenden Traumatisierung führen würde, ratsam sein kann, den Angehörigen die Empfehlung auszusprechen, den Toten besser nicht mehr anzublicken, muss es dennoch letztendlich ihnen überlassen bleiben, ob sie ihn sehen wollen oder nicht, da sonst ein qualvoller Raum für ihre Phantasie eingeräumt wird. Selbst der Anblick schwerer Verletzungen hätte (wie möglicherweise in diesem Fall) auf lange Sicht den Prozess der Realisierung, Verarbeitung und Bewältigung des schrecklichen Ereignisses fördern können.[72] Die Äußerung „und wenn er in drei Teilen gewesen wäre" zeigt, welch schlimme Phantasien in den Köpfen von Menschen vorgehen können, wenn das persönliche Abschiednehmen verwehrt wird.[73] Äußern die Angehörigen den

---

[72] Zu dieser Erkenntnis gelangte man auch durch das Klever Projekt.
[73] Nach drei Jahren zeigte man der Mutter Bilder, auf denen sie erkennen konnte, dass ihr Sohn durch den Unfall nicht sehr entstellt worden war.

Wunsch des persönlichen Abschiednehmens, dann sollte diesem auch entsprochen werden, da dies für den Verlauf des Trauerprozesses eine Rolle spielen kann. Die Angehörigen müssen selbst entscheiden dürfen, ob sie Abschied nehmen oder nicht. Diese Entscheidung darf nicht durch die Überbringer getroffen werden.

Eine Information über den Fortgang des Verfahrens, die Möglichkeit der Opferentschädigung und insbesondere die Angebote von therapeutischen Hilfseinrichtungen ist sinnvoll. Selbst wenn man als Überbringer keine Antwort auf die gestellten Fragen hat, so sollte man bemüht sein, diese zu finden. Nur so kann man das elementare Bedürfnis nach Information stillen. Manche Fragen können vielleicht auch durch den Ersthelfer geklärt werden, so dass ein Kontakt zu diesem herzustellen ist. Durch Informationen kann man die Angehörigen vor den Mächten der Phantasie, vor der Gewalt der Bilder[74] und dem ungehemmten Wuchern einer verzerrten Erinnerung schützen. Man kann ihnen beistehen bei dem Versuch, sich mit einem furchtbaren Geschehen auszusetzen[75] und man kann ihnen helfen, damit sie sich nach und nach wieder in ihrer Lebenswelt zurechtfinden können.[76] Die Polizei hat bei der Überbringung einer Todesnachricht somit eine „Bringschuld" von Informationen gegenüber den Angehörigen, so dass sie durch offene Fragen nicht unnötig belastet werden. Die Mutter kann hier im konkreten Fall ihre offenen Fragen nur in ihrer Phantasie beantworten, da man der „Bringschuld" nicht ausreichend nachkam.

Wie beide Beispiele gezeigt haben, herrscht das Bedürfnis nach Information und Verwirklichung bei den Hinterbliebenen vor. Die Tochter des verstorbenen Vaters konnte den Tod für sich verwirklichen und verarbeiten, da die Polizeibeamten ihrer „Bringschuld" von Informationen in der konkreten Situation entsprechend nachkamen. Die Informationsweitergabe durch die Polizei spielt also eine immense Rolle bei der Übermittlung einer Todesnachricht und darf daher nicht vernachlässigt werden. Dabei ist zu beachten, dass genau abzuwägen ist, wie detailliert Schilderungen erfolgen, denn

---

[74] Die Mutter ging von schrecklichen Verletzungen aus und dachte, die Polizei wolle etwas vertuschen.

[75] Die Mutter hatte danach die Absicht, sich das Leben zu nehmen. Ihr letzter Halt war ihr zweiter Sohn.

[76] Vgl. Trappe (2000), S. 23 f.

eine zu präzise Schilderung unangenehmer und abstoßender Details ist unangemessen.
Wie die Untersuchung ergeben hat, wird es als wohltuend empfunden, wenn der Überbringer dabei Menschlichkeit, Gefühle und Anteilnahme offen zeigt. Dies konnte die Tochter des Verstorbenen erfahren. Für die Mutter blieb es ein Wunsch in dieser Situation. Auch das Übergeben von persönlichen Gegenständen, welche der Verstorbene bei sich geführt hat und die ihn gewissermaßen in den Tod begleitet haben, hat Bedeutung für die Angehörigen. Dadurch wird dem Geschehen im Empfinden der Angehörigen teilweise ein Gesicht verliehen.[77] Es geht hierbei nicht vordringlich um erkennbare Wertgegenstände, sondern um Gegenstände, die auch aufgrund des Todes ideellen Wert für die Trauernden bekommen. Wichtig ist auch die unmittelbare Auseinandersetzung und Zuwendung aller Angehörigen untereinander[78] - speziell auch für die Mutter mit den Eltern der anderen verstorbenen Kinder. Denn nur auf einer zwischenmenschlichen Ebene ist so etwas wie Sühne, Vergebung und Heilung erst möglich.[79]
Aus beiden Beispielen ist zu schließen, dass eine Todesnachricht zeitnah überbracht werden muss, damit die Angehörigen nicht durch Dritte oder Medien von dem schrecklichen Ereignis erfahren. In dem Beispiel mit dem verstorbenen Sohn war es sogar erforderlich, die Todesnachrichten den Angehörigen aller Verstorbenen zeitgleich mitzuteilen, um eventuelle Telefonate mit noch uninformierten Angehörigen zu verhindern.
Dem Überbringer muss bewusst sein, dass er mit seiner Handlungsweise bei der Übermittlung den anschließenden Trauerprozess in Dauer und Verlauf indirekt mitbestimmt. Er muss daher in der Lage sein, die Wirklichkeit zu erfassen, die Befindlichkeit der Hinterbliebenen zu erkennen und Möglichkeiten von richtungs- und zukunftsweisenden Alternativen aufzuzeigen[80].

---

[77] Vgl. hierzu Trappe (2000), S. 24 - oder auch Schäfer/ Knubben (1992), S. 169.
[78] Durch das Projekt „Ein Jahr danach" kam man zu der Erkenntnis „Menschlichkeit ist Leben. ... Man braucht Menschen, die einem helfen." Vgl. Trappe (2000), S. 22.
[79] Die Erkenntnis erlangte man durch das Projekt „Ein Jahr danach". Vgl. a. a. O., S. 25. In diesem Fall war es wichtig, dass die Mutter sich mit den Eltern der beiden anderen Jungen unterhalten hat. Dadurch nahm die Last in der Schuld dieser Eltern zu stehen von sich.
[80] Vgl. Huber (1996), S. 38

Im nächsten Abschnitt dieser Arbeit werde ich versuchen, aus meinen Untersuchungsergebnissen mögliche Anhaltspunkte für das Überbringen einer Todesnachricht zu erarbeiten.

6. Überlegungen zur angemessenen Vorgehensweise bei der Übermittlung von Todesnachrichten

6.1 Vorbereitung

Die Vorbereitung auf das Überbringen einer Todesnachricht stellt einen sehr wichtigen Aspekt dar.
Hierzu gehört einerseits die richtige Auswahl der Polizeibeamten, welche die Nachricht überbringen. Sie müssen für diese Aufgabe geeignet sein, was erstens bedeutet, dass sie habituell, persönlich und emotional dazu bereit sind, diese Aufgabe zu erfüllen. D.h., sie müssen für die Handlungsproblematik bei der Überbringung einer Todesnachricht sensibilisiert sein. Es ist darauf zu achten, dass Polizeibeamte die Nachricht überbringen, welche gut miteinander umgehen können, um anschließend eine angemessene Nachbereitung durchführen zu können, was gleichzeitig bedeutet, nie allein eine Todesnachricht zu überbringen. Findet sich kein anderer Kollege, so ist eine andere Vertrauensperson hinzu zu ziehen (z. B. Pfarrer oder Hausarzt). Dabei ist zu beachten, dass nie ein Kollege, der noch nie eine Todesnachricht überbracht hat, allein eine solche Aufgabe erledigt. Junge und unerfahrene Kollegen sind an diese Aufgabe heranzuführen, indem man sie zunächst mitnimmt.
Im Vorfeld sollte außerdem geprüft werden, ob die Möglichkeit besteht, dass der Überbringer in ziviler Kleidung die Nachricht überbringt.
Danach sollten sich die Kollegen zunächst mental auf die Aufgabe einstellen. Es muss ihnen klar sein, dass die Reaktion umso stärker ausfallen kann, je überraschender die Todesnachricht für die Angehörigen ist und dass mit jeder Reaktion (von eruptivem Herausschreien des Schmerzes bis zu völliger katatonischer Paralyse) gerechnet werden muss.[81] Um alle offenen Fragen der Hinterbliebenen ausreichend beantworten zu können, ist es unbedingt erforderlich, sich umfassend über den Sachverhalt, die eingeleiteten Maßnahmen und den Verstorbenen zu informieren. Der Überbringer muss wissen, wann, wo und wie der Tod eingetreten ist und wo sich der Verstorbene befindet.[82] Er muss außerdem wissen, ob der Verstorbene noch identifiziert werden muss, in welchem Zustand er sich befindet und durch welche Dienststelle der Todesfall bearbeitet wird.
Da die Todesnachricht eine Extremsituation für den Empfänger darstellt, ist

[81] Dies habe ich aus Gesprächen mit mehreren Kollegen erfahren.
[82] In allen von mir mit Empfängern von Todesnachrichten geführten Gesprächen kam deren Informationsbedürfnis klar zum Ausdruck.

diese stets persönlich zu überbringen, d. h. der Überbringer geht zu dem Empfänger und nicht der Empfänger zu dem Überbringer. Somit scheidet eine telefonische Benachrichtigung aus präventiven Gründen aus.[83] Die Todesnachricht sollte in einer dem Empfänger gewohnten, nach Möglichkeit privaten Umgebung übermittelt werden. Daher müssen alle notwendigen Informationen zu den Angehörigen und deren Umfeld eingeholt werden. Zunächst muss geklärt werden, wer der genaue Adressat der Nachricht ist. Hat der Verstorbene außer seinen Eltern vielleicht eine Lebensgefährtin, die zu benachrichtigen ist? Es ist zu klären, ob Kinder im Haus wohnen oder Angehörige selbst an einer Krankheit leiden.[84] Daher ist es auch ratsam, die Rettungsleitstelle schon davon in Kenntnis zu setzen, damit diese bei Komplikationen schnell vor Ort sein kann. Aus diesem Grund und zum Schutze der Überbringer haben diese ein Funkgerät oder ein Handtelefon bei sich zu tragen, welches sie aufgrund der Situation allerdings erst einschalten sollten, wenn dies erforderlich wird.

Als Unterstützung kann ein Pfarrer, Seelsorger, Arzt oder ein Mitarbeiter der Krisenintervention hinzugezogen werden.

Viele Hinterbliebene möchten den verlorenen Verwandten noch einmal sehen. Deshalb ist im Voraus zu klären, ob und wann die Möglichkeit des Abschiednehmens besteht.

Die Überbringer müssen sich bewusst sein, dass das Überbringen der Nachricht einen großen Zeitraum in Anspruch nehmen kann[85]. Daher ist genügend Zeit für diese Aufgabe einzuplanen. Die Kollegen sollten bei dem weiteren Dienstgeschäft vorerst nicht berücksichtigt werden, da sie auch danach Zeit brauchen, um sich von der Situation zu erholen.

Eine Todesnachricht muss möglichst zeitnah überbracht werden, um eine Information durch Dritte oder Medien zu verhindern. Eine Absprache zwischen journalistischer und polizeilicher Tätigkeit ist hier ratsam, so dass über das Ereignis erst dann informiert wird, wenn die Angehörigen persönlich verständigt wurden.

---

[83] Vgl. hierzu auch Schäfer/Knubben (1992), S. 160.

[84] Ebd.

[85] Die Todesnachricht, welche ich überbracht habe, nahm zweiundeinhalb Stunden in Anspruch.

6.2 Handeln vor Ort

Die Kollegen sollten sich zunächst mit ihrem Namen und ihrer Dienststelle vorstellen. Anschließend müssen sie sich vergewissern, ob sie den richtigen Adressaten angetroffen haben. Die Todesnachricht sollte nie zwischen Tür und Angel überbracht werden. Daher ist die Bitte zu äußern, in die Wohnung eintreten zu dürfen, um eine angemessene Atmosphäre zu schaffen. Sind noch andere Personen im Raum, ist vor der eigentlichen Nachricht zu klären, ob der Empfänger mit der Anwesenheit dieser Personen einverstanden ist.[86]

Nachdem man sich gesetzt hat, sollte der Empfänger durch einleitende Worte langsam und behutsam auf die Nachricht (z. B. Ich muss Ihnen eine traurige Nachricht mitteilen ...) vorbereitet werden. Die Nachricht sollte in kurzen, einfachen Sätzen und ruhigem Ton, wobei man dem Betroffenen tief in die Augen schauen soll, mitgeteilt werden. Ein langes Herumreden ist hier nicht hilfreich, da dadurch möglicherweise falsche Hoffnung erweckt werden kann. Deshalb sollten die Worte „tot" oder „verstorben" verwendet werden, damit Zweifel durch die Angehörigen sofort ausgeschlossen werden können. Bei der Mitteilung ist auf die Wortwahl zu achten. Worte wie „Leichnam" oder „Sektion" sollten nicht verwendet werden.

Nachdem die Nachricht übermittelt wurde, ist es sehr wichtig, dem Hinterbliebenen zunächst Zeit zu geben, um das Gehörte zu verarbeiten. In diesem Moment ist es für den Empfänger von Bedeutung, wenn der Polizeibeamte Offenheit, Geduld, Einfühlungsvermögen und Verständnis für diese Situation ausstrahlt. Mitleids- und Beileidsfloskeln sind unangebracht und werden vom Empfänger tendenziell als unaufrichtig oder verletzend empfunden. Verspürt der Überbringer das Gefühl, dass der Betroffene Körperkontakt sucht, so kann man ihm die Hand halten oder ihn in den Arm nehmen.

Oft fängt der Betroffene von selbst an, über den Verstorbenen zu reden. Hilfreich ist in diesem Fall, wenn man ihm zuhört und selbst dabei schweigt. Dadurch erweckt man beim Trauernden das Gefühl, dass er in seinem Schmerz verstanden wird und er nicht alleine ist. Auch sollte möglichst Blickkontakt zum Empfänger gewahrt werden. Fragen, die durch den Angehörigen gestellt werden, müssen möglichst umfassend und ausreichend beantwortet werden. Es wäre falsch, sie offen im Raum stehen zu lassen. Weiß der Polizeibeamte auf eine Frage keine Antwort, so sollte er sich bemühen, diese zu finden und das dem Empfänger auch zu verstehen geben.

---

[86] Vgl. Lassoga/Gasch (2002), S. 144.

Wenn der Trauernde es wünscht, sollte genau geschildert werden, wie es zum Tod des Angehörigen gekommen ist. Zu versichern, dass alles unternommen wird, um die Sache aufzuklären, erscheint außerdem hilfreich. Man sollte in diesem Gespräch die Hinterbliebenen auf kommende Wege und Formalitäten, welche sie nun erledigen müssen, hinweisen. Während des Gespräches erlangt man gleichzeitig die notwendigen Informationen für die Unterlagen, so dass die Trauernden nicht unnötig belastet werden müssen. Kommt jedoch kein Gespräch zustande, sollten erforderliche Formalitäten zu einem später vereinbarten Termin geklärt werden, um die Überforderung des Empfängers ausschließen zu können.
Wünsche, welche durch den Trauernden geäußert werden, insbesondere das persönliche Abschiednehmen, erforderliche Telefonate oder die Verständigung von Vertrauenspersonen, was ihn möglicherweise überbeanspruchen würde, können durch den Überbringer noch organisiert werden. .
Der Empfänger darf in keinem Fall allein zurück gelassen werden. Die Polizeibeamten müssen aufgrund ihrer Fürsorge- und Kontrollpflicht dafür sorgen, dass eine Vertrauensperson zunächst bei dem Angehörigen bleibt. Dies kann ein Pfarrer, der Hausarzt, ein Nachbar, ein Angehöriger u. a. sein. Wer das ist, ergibt sich in der Regel aus der persönlichen Situation des Hinterbliebenen; ansonsten kann man ihm Vorschläge unterbreiten. Dadurch wird die weitere kontrollierte Betreuung des Hinterbliebenen bereits durch den Überbringer eingeleitet.
Vor dem Verlassen ist dem Trauernden eine Visitenkarte mit Namen und Telefonnummer oder eine andere Kontaktadresse zu übergeben, falls es zu Rückfragen kommen sollte.

6.3 Nachbereitung

Die Nachbereitung ist zum einen für den Überbringer und zum anderen auch für den Empfänger der Nachricht wichtig.
Das Überbringen einer Todesnachricht verlangt nicht nur fachliches Können, um die verschiedenen Situationen zu bewältigen. Es erfordert auch eine hohe seelische Stabilität. Professionelle Hilfe von geschultem Personal kann die einzelne Situation nicht verändern, aber den Einzelnen bei der Verarbeitung des Erlebten unterstützen. Man darf das Geschehene nicht verdrängen, sondern sollte es anschließend aufarbeiten. Dies kann u. a. durch ein Gespräch mit dem Kollegen, welcher mit vor Ort war, mit dem Vorgesetzten, im Kollegenkreis, mit dem Lebenspartner oder dem Polizeinotfallseelsorger geschehen. In diesem Gespräch kann man über die Situation und seine eigenen Gefühle reden. Spricht man mit seinem Kollegen, so kann man durch ihn ein Feedback erhalten.
Aber auch Entspannung im Alltag (z. B. Sport, Musik, Fernsehen), Entspannungsverfahren (z. B. Autogenes Training, meditative Verfahren, Pro-

gressive Relaxation), Nachgespräche in Form von Supervision oder Debriefing können für die Nachbereitung von solchen Situationen hilfreich sein[100] und für den Polizeibeamten eine wichtige Hilfe darstellen.
Auch für den Empfänger kann die Nachbereitung sehr dienlich sein.[87] Daher sollte auch hier ein Nachgespräch stattfinden. Der Polizeibeamte bekommt somit ein Feedback und die Trauernden können ihre erlebte Situation schildern und dadurch aufarbeiten. Oft möchten die Betroffenen noch etwas fragen oder sich bedanken.[88] Doch fehlt ihnen der Mut auf die Polizei zu zugehen. Erleichtert wird dies, wenn der Polizeibeamte ihnen ein Nachgespräch anbietet. Sie können dann selbst entscheiden, ob sie diesem nachkommen oder nicht.

---

[87] Vgl. Lasogga/Gasch (2002), S. 170 ff.
[88] Dies wurde in den einzelnen Gesprächen mit den Empfängern sehr deutlich.

7. Schluss

Im ersten Teil meiner Arbeit stellte ich fest, dass die Polizei grundsätzlich für das Überbringen einer Todesnachricht zuständig ist. Ausnahmen ergeben sich nur, wenn diese Aufgabe aufgrund der Naturwüchsigkeit der Situation oder einer professionellen Praxis einer anderen Institution obliegt.
Der zweite Teil diente der Untersuchung, wie man sich als Polizist bei der Überbringung einer Todesnachricht angemessen verhält. Dazu wurden Interviews mit Polizeibeamten als Überbringer der Nachricht durchgeführt. Gleichzeitig wurde im Rahmen dieser Analyse der Umgang mit den Polizeibeamten in ihrem Umfeld beleuchtet. Um zu diesem Thema nicht einseitige Ergebnisse zu erhalten, wurden auch Gespräche mit Empfängern einer Todesnachricht geführt. Dabei stellte ich fest, dass noch enorme Defizite bei der Übermittlung einer Todesnachricht auftreten. Das bedeutet, dass dem Verhalten gegenüber den Angehörigen, welches grundsätzlich helfenden und unterstützenden Charakter haben sollte, Priorität vor allen Formalitäten eingeräumt werden muss. Der bewusste, vorsichtige Umgang mit den Betroffenen ist entscheidend für die Wirkung beim Empfänger. Doch fehlt es in der Praxis sehr häufig an genügend Kenntnis in diesem Bereich, was eine spezifizierte Ausbildung erforderlich macht.
Im letzten Teil meiner Arbeit habe ich versucht, die Ergebnisse meiner empirischen Untersuchung in Überlegungen zur angemessenen Vorgehensweise bei der Übermittlung von Todesnachrichten eingehen zu lassen.
Abschließend zu den wichtigsten Ergebnissen meiner Studie:
Um die Polizeibeamten für die Aufgabe der Übermittlung von Todesnachrichten zu sensibilisieren, bedarf es einer intensiven Aus- und Fortbildung der Kollegen. Es reicht nicht aus, Polizeianwärter mit fundierten Rechtskenntnissen auszurüsten und psychologisches Verständnis nur am Rande zu behandeln. Ziel der Aus- und Fortbildung muss auch die Steigerung von persönlicher und sozialer Kompetenz sein. Soziale Kompetenz, weil dadurch der Überbringer das Zeigen von Empathie lernt und persönliche Kompetenz, weil dadurch den Beamten mehr Stressstabilität, Selbstkontrolle, Sicherheit, aber auch Ausstrahlung verliehen wird. Die persönliche Einstellung eines Überbringers bestimmt sein Verhalten gegenüber den Hinterbliebenen. Somit ist es notwendig, dieses auf das jeweilige Gegenüber einzustellen. Ein hohes Maß beider Kompetenzen ist unabdingbare Voraussetzung für einen angemessenen Umgang mit den Empfängern einer Todesnachricht. Nur mit Hilfe der Fähigkeit, die soziale und persönliche Kompetenz und die Kommunikation richtig anwenden zu können, kann man der Bedürfnislage und den Erwartungen der betroffenen Personen entsprechen.

8. Literatur

Brockhaus-Enzyklopädie (1993) in 24 Bd., 19., völlig neu bearbeitete Auflage, Band 20, Mannheim.

Daschner, Carl-Heinz (2001): KIT – Krisenintervention im Rettungsdienst, Edewecht/Wien.

Der Landrat als Kreispolizeibehörde Kleve (2001): Unfallaufnahme und Unfallbearbeitung unter besonderer Berücksichtigung von Opferschutz und Opferhilfe. Bericht der Arbeitsgruppe „Umsetzung der Ergebnisse des Projektes ‚Ein Jahr danach'", Kleve.

Erlass des IM vom 03.01.1996 (StAnz. S. 179), zuletzt geändert durch Erlass vom 02.01.1998 (StAnz. S. 165).

Gercke, Jutta (1995): Zur psychischen Belastung von Todesermittlern. Ergebnisse einer Exploration der Landeskriminalschule NRW, in: Kriminalistik 1, S. 29 – 34.

Huber, Manfred (1996): Betreuung von Opfern/Angehörigen, in: Hermanutz, Max / Ludwig, Christiane / Schmalzl, Hans Peter (Hg.): Moderne Polizeipsychologie in Schlüsselbegriffen, Stuttgart/München/Hannover [u.a.], S. 33 – 39.

Kirchliche Polizeiseelsorge im Regierungsbezirk Tübingen (in Zusammenarbeit mit der Polizeidirektion Biberbach) (o. J.): Sie haben eine Todesnachricht zu überbringen. Faltblatt. o. O.

Kreysler, Dieter (1988): Überbringung einer Todesnachricht. Überlegungen und Hinweise zu dieser schwierigen Aufgabe, Stuttgart/München/Hannover.

Lasogga, Frank / Gasch, Bernd: Notfallpsychologie, Edewecht/Wien, 2002.

Ley, Thomas (1996): Methodische Überlegungen zur Untersuchung der Verarbeitungsmechanismen traumatischer Ereignisse im Polizeidienst – speziell bezogen auf polizeiliche Unfalleinsätze, in: Die Polizei 10, S. 263-265.

Ludwig, Christiane (1996): Stress in: Hermanutz, Max / Ludwig, Christiane / Schmalzl, Hans Peter (Hg.): Moderne Polizeipsychologie in Schlüsselbegriffen, Stuttgart/München/Hannover [u.a.], S. 216–228.

Meyer-Großner, Lutz (1999): Strafprozessordnung, Gerichtsverfassungsgesetz, Nebengesetze und ergänzende Bestimmungen. Beck'sche Kurzkommentare, Bd. 6, 44., neubearbeitete Auflage des von Otto Schwarz begründeten, in der 22. bis 35. Auflage von Theodor Kleinknecht und in der 36. bis 39. Auflage von Karlheinz Meyer bearbeiteten Werkes, München.

Müller-Tucholski, Andreas / Ley, Thomas (1998): Die Übermittlung von Todesnachrichten durch Polizeibeamte. Betrachtungen über eine ungeliebte polizeiliche Aufgabe, in: Kriminalistik 6, S. 412 – 414.

Schäfer, Dierk (o. J.): Zwischen Hilflosigkeit und Routine. Das Überbringen von Todesnachrichten, Arbeitshilfe für ein berufsethisches Seminar für Polizeibeamte, in: Möllers, Herrmann (Hg.): Arbeitshilfen für den berufsethischen Unterricht in der Polizei, S. 3 – 72.

Schäfer, Dierk (1991): Zwischen Hilflosigkeit und Routine. Das Überbringen von Todesnachrichten, in: Forum Ethik und Berufsethik, Sonderheft 1, S. 12 – 15.

Schäfer, Dierk / Knubben, Werner (1992): ...in meinen Armen sterben? Vom Umgang der Polizei mit Trauer und Tod. Hilden/Rheinland.

Sudnow, David (1973): Organisiertes Sterben. Eine soziologische Untersuchung, Frankfurt am Main.

Trappe, Tobias (2000): Der unorganisierte Tod. Das Projekt „Ein Jahr danach", 2. korrigierte Auflage, Kleve.

Voß, Hans-Georg (2001): Professioneller Umgang der Polizei mit Opfern und Zeugen. Eine Evaluationsstudie, Neuwied.

Wiegel, Eva-Maria (1988): Bedrückende Last: Eine Todesnachricht überbringen, in: Deutsche Polizei 2, S. 17 – 19.

Zerr, Norbert (1994): Ein letztes Mal das Kind in den Armen, in: Deutsche Polizei, 9, S. 27 – 29.

9. Anhang

9.1 Fragenkatalog für ein Interview mit Überbringern (Polizeibeamte)

1. Wie haben Sie die Todesnachricht überbracht?
2. Wie reagierte der Empfänger?
3. Welche Verhaltensweisen sind für den Empfänger psychisch gut und welche nicht?
4. Was sind typische Fehler von Überbringern?
5. Wie fühlen Sie sich bei der Überbringung einer Todesnachricht?
6. Empfinden Sie diese Aufgabe als eine berufliche oder psychische Belastung?
7. Wie wird mit dieser Thematik an ihrem Arbeitsplatz umgegangen?
8. Wie wirkt sich diese Problematik auf ihr Privatleben aus?
9. Wurden Sie zu diesem Thema geschult oder fortgebildet?
10. Können Sie aus ihren gemachten Erfahrungen zum Überbringen einer Todesnachricht dienliche Hinweise an andere Kollegen weitergeben?

9.2 Fragenkatalog für ein Interview mit Empfängern

1. Wer hat die Nachricht überbracht?
2. Wie hat sich der Überbringer verhalten?
3. Wie war Ihre erste Reaktion?
4. Wie haben Angehörige reagiert?
5. Was hätten Sie sich in der Situation betreffs des Verhaltens anderer Personen (auch Polizeibeamte) gewünscht?